孩子不自立 父母怎么办

谢正斌◎编著

有效解决孩子问题的50个对策

孩子心理 父母必知

九州出版社
JIUZHOUPRESS

图书在版编目（CIP）数据

孩子不自立 父母怎么办：有效解决孩子问题的50个对策 / 谢正斌编著.
- 北京：九州出版社，2008.12
ISBN 978-7-80195-928-7

Ⅰ.孩… Ⅱ.谢… Ⅲ.家庭教育 Ⅳ.G78

中国版本图书馆CIP数据核字（2008）第206602号

孩子不自立 父母怎么办

作　　者	谢正斌 编著
出版发行	九州出版社
出 版 人	徐尚定
地　　址	北京市西城区阜外大街甲35号 （100037）
发行电话	（010）68992190/2/3/5/6
网　　址	www.jiuzhoupress.com
电子邮箱	jiuzhou@jiuzhoupress.com
印　　刷	北京才智印刷厂
开　　本	710×1010毫米　　16开
印　　张	15.5
字　　数	192千字
版　　次	2009年3月第1版
印　　次	2009年3月第1次印刷
书　　号	ISBN 978-7-80195-928-7/G·390
定　　价	29.80元

前言

某企业的人事主管接到这样一个电话：“主管您好，请问贵公司XX职位正在招人吗？”

主管说：“是的，您要应聘可以先发简历。”

对方说：“不是我，是我家的小孩儿，今年刚好大学毕业……您觉得可以吗？”

人事主管笑了笑说：“这样吧，你先让他发一份简历到公司的招聘信箱，公司会安排时间统一面试的。”

对方又问：“请问贵公司在什么位置？”

人事主管：“XX 区 XX 楼……”

对方说：“哦，太远了……请问公司管食宿吗？”

人事主管：“公司提供食宿。”

对方松了口气说：“哦，那还可以。我家小孩特别喜欢这份工作，就是怕离家太远……”

人事主管：“请问您家小孩儿叫什么名字？”

对方说：“XX。请多多关照……”

人事主管在纸上记下了那个名字。

第二天，人事主管浏览简历的时候果然发现了那个名字，但他没看简历就把这个人否定了。

故事是真实的，因为故事中的人事主管就是笔者的朋友。这位朋友不看简历就否定对方的原因想必大家心中都很明白：一个不能自立，找工作都需要家长帮忙的人，能做好自己的工作吗？

当然，看了这个故事，家长在反思孩子不自立的同时也应该反思一下自身的教育方法，问问自己有没有给孩子自己走路自己成长的机会？想象如果自己不放手，孩子又怎会自立，怎会长大？

要知道，父母不能陪伴孩子一生，父母这座靠山无论有多么强大，孩子总有靠不了的时候。只有教孩子自立，学会依靠自己，做父母的才不会担心孩子离开自己无法生活。因此，明智的父母会选择让孩子的心灵与身体一起成长。不仅让孩子越长越高，同时教孩子学会依靠自己来生活，也就是要教孩子学会自立。

自立是一种自我生存的意识和能力，是一个现代人所应具备的。教孩子自立，有利于孩子的健康成长。孩子有了自立的意识和能力，比较容易适应社会，把握机遇。

孩子的成长谁也代替不了，将来的风风雨雨必须要亲自经历，未来的路也必须靠他自己走出来。因此，我们应该给孩子的成长创造条件、创造锻炼的机会，而不是凡事包办代替、做孩子的“代言人”，所以，教孩子自立需要父母理智的爱。能够放手让孩子追寻自立自强之路的父母，才是真正爱孩子的父母。

《孩子不自立，父母怎么办》一书从孩子学习和生活的细节入手，撷取孩子不自立的生活片断，以精辟的语言透视孩子的内心世界，深刻地分析了孩子不自立的种种原因，指出了教育孩子的科学理念，从而为父母们开辟了一条能够轻松正确地应对孩子不自立行为的捷径。

希望本书能帮父母解忧排难，对孩子的健康成长起到积极的作用。

目录
Contents

1

三分钟热度：做事总是虎头蛇尾

家长倾诉

爸爸外出回来手里拿着一个魔方，子鹏看到后一把抢了过来。爸爸忙说：“儿子别动，老爸快弄好了。”子鹏开玩笑说：“老爸，您都那么聪明了，这种开发智力的玩具还是让我来玩吧！”爸爸笑了笑，觉得儿子会说话，心里美美的。

“老爸，您坐着，一会儿让您看我的成果！”子鹏自信满满地说。

于是，子鹏钻进自己的房间，摆弄起魔方来。

没过多大一会儿，爸爸妈妈就听见“乒乒乓乓”的声音，过去一看，子鹏已经把魔方拆开，一块一块地投向墙角的垃圾筐。

“败家儿子，你怎么把魔方拆了，你老爸还等着看你的成果呢！”妈妈惋惜地指责子鹏。

“不想玩了，什么破魔方！玩着纯属浪费时间，一点意思都没有！”子鹏继续瞄准——投射。

爸爸叹了口气说：“我就知道他没长性，做什么事都三分钟热度。不过脑子倒挺灵活，知道狡辩说怕浪费时间……”

专家分析

孩子没长性与其所处的年龄段有很大的关系

有的家长抱怨，我的孩子干什么事都没有长性，总是半途而废，要能坚持就好了。这是缺乏耐心与毅力的表现，与孩子的发育特点和家长对孩子的娇惯有关系。

自立要求个人对自己所做的选择始终以严谨认真的态度来对待，并负责到底。性情浮躁的孩子决不会是一个自立的孩子。因此，让孩子抱有对事物有始有终的态度对于孩子成长为一个自立的社会人十分重要。

上述事例中的主人公子鹏，他一开始决心很大，干劲很足，但是热乎劲儿很快就过去了。这种孩子的优势在于迅速确定目标、立即行动，而弱点在于坚持性和自制力上。对待这样的孩子，在确定目标之后，要打预防针，提醒他一旦干起来，就要克服困难坚持下去。在行动过程中，则要帮助孩子正视困难，克服困难，加大自我管理的力度，不断地激励他。在接近目标时，尤其要讲“行百里者半九十”的道理。有几次这样的过程，孩子的薄弱环节就会得到扭转。

要找到薄弱环节，还得了解孩子做事浮躁、不踏实的原因。一般来说，原因如下：

★孩子年龄小，容易受周围环境影响

从儿童心理学的角度分析，孩子兴趣广泛，而且是不稳定的。年龄较小的孩子，对一切他没有见过的事都充满了好奇，什么都想看，什么都要问，什么都想自己动手摸一摸，试一试。这些广泛的兴趣、爱好及不断的探索行为，对孩子的智力、动手操作能力、创造力等的发展极有益处。

在好奇心的驱使下，多数孩子很容易受周围环境的影响，而且喜欢模仿。看到别人干什么，自己也想试试，总认为别人做的事“一定非常有意思”，尤其是大孩子所做的事。所以他总是放下自己的事情去学做别人做的事。

孩子正处于身体发育的重要阶段，这种发展的需要促使他们经常地进行户外的肢体活动。因而，对一些要求较长时间静止不动、需要坚持的事情，如看书、画画、练书法、练琴、搭积木等活动，坚持不了多久，就会疲劳。如果父母坚持让孩子长时间地坐着不动，他就会对从事的这一活动产生厌倦，变喜欢为不喜欢。

★家长对孩子的影响

这方面的原因表现在两个方面:

第一是部分家长习惯帮助孩子处理各种事情，孩子没有机会从头到尾地去完成整件事情。孩子没有机会靠自己去化解阻力，因此一旦遇到什么问题，索性就扔到一边了。他们觉得无关紧要，反正有家长帮助自己完成。

第二是家长的浮躁心理作用在孩子身上。比方说家长答应从某天起，每天有多少时间来陪孩子玩儿，但总有这样那样的原因失信于孩子。家长无法做到的事情反而要求孩子办到，孩子自然会有理由反驳。

★知识灌输与德育失衡

有的父母只知道给孩子灌输知识，而不考虑知识的难度是否适合孩子。同时也没有培养孩子的意志品质，使得孩子在学习的过程中遇到难题就会轻易放弃。另外，有的家长经常给孩子立志，而不是给孩子立长志。从而为浮躁性格的形成埋下了伏笔。

受先天因素影响而缺乏耐性的孩子毕竟是极少数，关键还在于后天环境对培养孩子踏实生活习惯的影响。踏实的生活习惯表现在各个方面，对待学习、对待生活中的琐事等等，而且好的习惯是优秀品质的基础。所以建议家长多花费心思，不要觉得一些所谓的“细枝末节”无关紧要。要知道，时间的力量是巨大的，它可以将这些“细枝末节”一点一点积累成生习惯。

教子处方

从小事抓起，为孩子构建耐心和毅力的大厦

做事三分钟热度，不能坚持到底是浮躁心理的表现之一，几乎是当今青少年的一种通病。家长应有足够的耐心，并选择一些巧妙适用的方法来帮助孩子逐步克服这种心理。

家长可参考以下几点:

1.给孩子提供自己动手的机会

家长要给孩子提供自己动手的机会。比方让孩子自己整理书包、晚上自己上厕所等。万事开头难，每一次新的尝试肯定不会一帆风顺，当孩子遇到挫折时，告诉他“你很棒”、“你一定能行”，鼓励他学会用积极的心态对待，始终保持一定的自信心和对成功的渴望，这样才能保证孩子有足够的毅力实现目标。这会使孩子不惧怕面临的困难、挫折，并以积极方式去克服。有了坚持到底的念头，表现在行动上就不再会是随手丢下手中的事情了。

2. 重视孩子的行为习惯

一是要求孩子做事情要先思考，后行动。比方周末外出，让孩子决定地点与须携带的东西；上台演讲，应先准备讲稿。父母要引导孩子在做事之前，经常问自己这样一些问题：“为什么做？难吗？会有什么困难？最好怎样做？结果会是什么样子？”并要具体回答，写在纸上，使目的明确，言行、方法具体化。

二是要求孩子做事情要有始有终。不焦躁，不虚浮，踏踏实实做每一

件事，一次做不成的事情就一点儿一点儿分开做。积少成多，积沙成塔，累积到最后即可达到目标。

3. 用言语激发孩子的斗志

就拿开头给出的事例来说，当爸爸妈妈发现了子鹏把魔方拆了的时候，可以故意说：“我就知道你弄不好。”孩子的求胜心理是很强的，在父母这种言语的激发下，他往往会倔强是说：“谁说我不能独立完成？”于是重新投入到“积木的世界”里。家长在这个过程中可以给予孩子相应的引导，帮助孩子积极思考。家长要注意的是，在孩子坚持到最后的时候，应及时地给予夸奖。

具体的方法是很多的，关键是家长要懂得从点滴小事来渐渐地培养孩子的习惯。家长可以与孩子展开“竞争”，让孩子在明确的动力指引之下完成一件事。家长还可以通过给孩子讲故事的方式让孩子受到熏陶。

总之就是从小事抓起，以踏实的习惯为基底构建孩子耐心和毅力的大厦。

2

跟屁虫儿：妈妈到哪儿跟到哪儿

家长倾诉

一个周末，浩南正缠着妈妈陪他一起玩。这时候门铃响了，浩南蹦蹦跳跳地跑去开门，一看原来是小姨。小姨来了，浩南和妈妈都高兴得不得了。

大家玩了一会儿，妈妈要起身做饭，就对小姨说：“你陪浩南玩一会儿，我去厨房给你们准备点好吃的。”妈妈说着走向了厨房，浩南也跟着到厨房。

做菜的时候妈妈发现酱油用完了就要出去买酱油。于是叮嘱浩南：“小姨是客人，你要好好照顾小姨，妈妈买了酱油就回来。”

浩南听了着起急来，非要跟妈妈一起出去。外边下着雪，妈妈怕他出去冻着，但怎么说都不行。最后，妈妈只能一脸苦笑，对小姨说：“从小对我依赖惯了，到现在还是个跟屁虫，我到哪儿他就跟到哪儿。”

专家分析

倾向性依赖是内心失衡的外在体现

很多家长都有过类似的苦恼，尤其是妈妈，买菜孩子要跟着，去串门孩子也要跟着。不让跟着去就又哭又闹，搞得家长不知如何是好。责备吧，孩子没有犯什么错误，但又不可能什么时候都陪在孩子身边。

专家称这种对某个人过分依赖的现象为倾向性依赖，造成此种依赖的原因有以下几点:

★孩子接触的人有限

很多心理学家认为，在襁褓中就经常接触生面孔的孩子自主能力较强，父母离开他们时，很少感到害怕。然而不少孩子在上幼儿园之前接触最多的就是身边最亲近的人，父母或爷爷奶奶等，很少接触生面孔。时间久了自然产生一种惯性，在遇到问题的时候，脑子里最先想到的就是身边最亲近的几个人。

★家长对孩子的态度失衡

在很多家庭都存在这样的情况：爸爸对孩子要求十分严格，犯了错误轻则怒斥，有的气不过还要给孩子几下，而妈妈则是疼都疼不过来了，对孩子百依百顺。这种失衡就使得孩子心里的天平自然而然地倾向妈妈这一边，凡事都依赖妈妈。

★对其他人缺乏信任

未成年人对陌生人有所畏惧是一种正常的心理，即使是成人，有时候对陌生人也会有抵触心理。因此紧跟着自己信任的人对他们来说是保护自己的最好方法。

有儿童教育专家通过对两组儿童的成长做过研究。第一组的儿童小时候总是习惯于依赖某人，第二组的儿童则有较好的独立性。前者的劣势在长大以后表现得十分明显，其劣势包括过分恋家，对新环境的适应能力差等等。而另外一组的孩子在长大之后，无论自身的能力，还是对待外界信息的灵敏度，都要高出第一组。

值得注意的是，此种依赖性与一般依赖性也存在着明显的差别，那就是这样的孩子还没有明确的依赖对象。

因此，要让孩子不过分地依赖某一个人，还得从孩子的成长环境、教育孩子的方法等多方面入手，找到形成孩子倾向性依赖的原因才能对症下药。

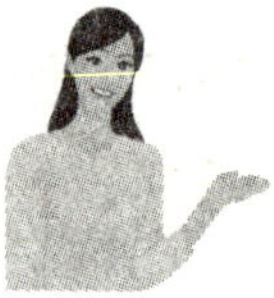

教子处方

给孩子创造一个和谐的生活环境

孩子出现问题的时候，家长们的反应往往是要么责备孩子，要么相互埋怨。但是不从全局客观地来考虑，就很难解决问题，尤其是对于孩子倾向性依赖的问题，更需要一个通体的考虑。父母可参考以下几种方法：

1.家长之间要协调好

这个方法就是基于在分析原因的时候提到父母对待孩子态度失衡而提出的对策。尤其是妈妈不要表现得太“强势”，这里的强势是指对孩子过分保护。当孩子觉得你是他的保护伞，有任何风雨第一个想到的就是躲到你的庇护之下，那就会使孩子丧失独立性。同样，爸爸对孩子也不能过分粗暴，这会加速孩子内心天平的失衡。因此，家长（包括其他的亲人，比如爷爷奶奶等）之间要多交流，争取共同为孩子营造一个和谐的成长环境。

2. 让孩子有属于自己的空间

让孩子拥有自己的小床，让他在里面觉得舒适。这张小床对他来说有着特殊的意义。同时为孩子布置玩耍的环境。当孩子学会爬或走以后，他会越来越勇敢，愿意四处走动，这对孩子的成长是很有益的。把房间安排得很安全，让孩子自己做一些尝试性的活动能锻炼他的自主性。另外，对孩子来说，房间就是一个很大的空间，这对于孩子摆脱狭小环境的依赖也有帮助。

3.与孩子玩“藏猫猫”的游戏

孩子长大一些时，家长可以和他玩“藏猫猫”的游戏，并逐渐延长你躲起来的时间，甚至可以走得远一点。这样，通过玩，孩子可能就会逐渐适应，慢慢就可以跟大人分开了。另外，还可以趁孩子不注意时离开，这样对父母和孩子都好。比如孩子正忙着做游戏或吃饭时，他的注意力不在你身上，你可以在这时离开。

4.锻炼孩子的社交能力

不要总是担心孩子会受到伤害而将孩子包围起来，因为孩子总会长大，总要独自与各种人交往。因此，从小锻炼孩子的社交能力不仅仅能使孩子摆脱倾向性依赖，还对他以后的发展很有帮助。你可以请同事的孩子，或者幼儿园的其他小朋友常来家里做客，也可以让孩子参加一些夏令营活动等等。当他有了可有信任的好伙伴，便不会总黏着家长了。

此外还可以给孩子安排一些任务，采取适当的激将措施，让孩子有独立去做的意识。只要把握好孩子成长的大环境，并在一些细节上注意培养孩子的自立能力，摆脱倾向性依赖便不是多么困难的事。

3

推卸责任：什么都是别人的错

家长倾诉

老师让同学们把昨天留的作业交上来，小强把整个书包都翻遍了也没有找见，他心想：一定早上妈妈装书包的时候忘记装进去了！

“老师，我忘带了，明天再交行吗？”小强举手对老师说。

“老师昨天不是嘱咐你们今天一定要带来吗？”老师面带微笑对小强说。

“不怪我，老师，我昨天告诉妈妈好几遍，可她还是忘了。”小强理直气壮地回答道。

晚上回到家中，小强开始埋怨妈妈没有帮他把作业装进去，“都怪你，老师批评我了！”小强撅着嘴十分不高兴。

“你昨天晚上在客厅写作业，没有把作业本拿回去，妈妈没看见呀！”妈妈解释道。

“那你为什么不提醒我把作业本拿回去？”小强顶嘴道。

这时爸爸回来了，问明情况之后爸爸说道：“小强，你自己的事情应该自己记清楚，怎么能什么都怨妈妈呢？”

“我记清楚了，我告诉妈妈好几遍要帮我装好作业，是她没有记清楚……”边说着，小强委屈地抹起了眼泪儿。

爸爸妈妈都不知该如何是好。

专家分析

不负责任的孩子身后，往往是太负责任的家长

现在这一代的孩子，绝大多数是独生子女。由于生活条件的优越，家长过多的包办与娇惯，使得孩子的责任意识十分淡薄，甚至对此毫无理解。他们认为父母帮他们做任何事，都是理所应当的。一遇到烦心的事首先责埋怨家长，在他们看来自己是永远没有过错的。

习惯的力量是巨大的。尤其是对于正在成长的孩子来说，外界给予他的一切都会在他幼小的心灵中逐步打下烙印。与中国的家长相比，外国的家长有一套全然不同的教育理念。他们在孩子很小的时候就向孩子灌输一种思想：不给别人添麻烦。并让孩子独自处理生活中的各种事情，从简单到复杂，逐步推进。这样一来，孩子就会明白什么是责任，如何对自己负责。相反，我们的孩子之所以在任何时候都拒绝承认自己有错，将责任推到别人的身上，很大程度上是因为孩子根本就不懂得什么叫责任。家长即使解释给他听，他也觉得那是和自己不沾边儿的。长此下去，将会在以下几个方面对孩子的成长造成影响：

★使孩子的积极性受挫

孩子从出生到学说话、走路，再到接触陌生的面孔等等，外界的一切对他来说都是新鲜而有趣的。所以孩子天真的头脑对外界的一切都有极大的征服欲。他们其实渴望自己穿衣服，渴望自己倒水喝，渴望自己完成作业等等。所以，家长的过分关爱，即帮孩子完成他本想独立完成的一切，是对孩子积极性的无形打击。从某种程度上来说，这会剥夺孩子自我发展的能力，是对孩子的不尊重。

★影响孩子正确处理人际交往中的问题

当孩子度过了在家长眼皮子底下晃悠的时光，他就与老师，和同龄的孩子接触了。此时，家长对孩子的骄纵已经形成力量了。这样的孩子与他人有冲突时，往往任性蛮横。再大一些，在处理一些实际问题的时候，思考的角度总是先从外界入手而忽略自身因素，这样就难免会出现片面性。

★孩子意志力薄弱

缺乏责任感的孩子，往往没有经历过什么挫折困难，即使有也早就被父母挡在前面了。这样也就很容易理解为什么这样的孩子没有坚强的意志力了。

“责任”两个字对孩子的发展起着关键的作用，有责任感的孩子往往会自我督促，自我反省，拥有自立的能力。因此，家长们与其为孩子总是推卸责任而苦恼，倒不如收起一部分不该负的责任，把它交到孩子的手中。

教子处方

家长和孩子应各负其责

要让孩子负起应有的责任，关键在于父母的态度和对孩子的培养，父母可参考以下几点来做：

1.从小事开始，放手让孩子自己去做

孩子的特点是好奇好动，一般都愿意参加一些活动。父母应尽早让孩子练习一些基本的生活技能，如穿衣、穿鞋、擦桌子，让孩子独立完成简单的委托任务。凡是孩子能够做到的，成人尽量不要插手，给孩子足够的时间去思考、尝试，让孩子的能力得到不断的开发。孩子感觉自己有能力去做好某件事，就会果断地去做。一开始，难免会出一些问题，但经过几次锻炼之后，孩子就会处理好自己的事情。

只有孩子亲自去做了，他才能有意识地进行思考，出现问题才不会只往别人身上推。孩子能承担责任，并回忆自己在做整件事的过程中有没有疏忽的地方，这样一来，孩子的行为能力才会越来越出色，观念意识才会朝着一个良性的方向发展。

2.帮孩子树立正确对待错误的观念

在孩子看来，犯了错误是十分丢人的。因此，家长应通过各种方式让孩子对错误有一个正确的理解。有许多故事、动画片等都有相关方面的题材，家长可以有针对性地选择一些相关内容让孩子明白，每个人都会犯错，只要及时改正，别人一样的认可你，喜欢你。同时让孩子明白，那种只会推卸责任的人才会没有人喜欢。

3.让孩子明白不负责任是要付出代价的

有些孩子已经在不知不觉中认定了自己在任何时候都是对的，都是不必负责任的。这个时候家长必须让孩子去承担因自己行为而带来的压力和冲击，而不是一味帮他去避免可能出现的困难和挫折。比如，家长可以针对一件具体的事，嘱咐他必须完成，多嘱咐几次，并告诉他如果不完成将会有什么后果，关键在于要严格执行。当然，惩罚的方式可以是不让他看最喜欢的动画片，没收他的玩具等等。小孩子对于自己喜欢的东西是十分在乎的，他们因为自己没有完成任务而被罚不能接近自己喜欢的东西，足以促使他们进行自我反省。教育理论上称它为“自然后果教育法”，十分有效。

总之，家长们应适当地放宽心，让孩子自主地发展，这对孩子形成一个好的性格是十分有帮助的。当你的孩子开始主动对你说“是我的错”、“我下次一定注意”之类的话时，相信每位父母都会感到很欣慰。

4

都听别人的：问完爸爸问妈妈，回头又问爷爷奶奶

家长倾诉

放学前，老师给每个同学都发了一张纸，每个人的纸上都有不同的图案。

“回家之后用彩笔把自己手中的画儿画完，明天老师要检查，看看谁的想象力最丰富，看看谁的画儿最漂亮。大家一定要记清楚。”老师笑着布置作业。

“好！”大家信心十足地答道。

琳琳拿到自己的纸一看，上面除了一道七色彩虹便什么也没有了。她看看旁边张涛的画上是一条小河，便问道：“你要往上面画什么呀？”

“我要在小河里画上好多条鱼，然后再画上我自己，我在小河边上钓鱼！”张涛一副得意洋洋的样子。

琳琳呆呆地看着手中的画，还是不知道画些什么。

晚上吃过晚饭，爸爸到书房去看书了。琳琳拿着手中的画儿过去找爸爸：“爸爸，你说这画上应该再画点儿什么好看呀？”

“上面有一道彩虹，那就再画上云彩、小鸟，画一群小朋友在草地上玩吧！”爸爸对琳琳说。

琳琳听完觉得很高兴，又跑去找在沙发上织毛衣的妈妈：“妈妈，你

看这画儿上应该画什么呀？”

“再画上一个花仙子，画一片森林，花仙子和一群小动物在做游戏，你看好吗？”

琳琳听完就跑回自己的房间开始画了。没想到过了一会儿竟嘟着嘴出来了。

妈妈问她怎么回事。

琳琳皱着眉头说：“没有地方画花仙子了……”

妈妈看到那幅画上被琳琳涂得满满当当：小朋友、小动物、树木、花草、白云都堆在一起了。

专家分析

凡事都听别人的，是一种不自信的表现

有些孩子固执己见，令家长十分头疼，与此相反，也有一种孩子什么都听别人的，这种缺乏主见的表现也令家长很伤脑筋。一般来说，这种情况在小女孩身上体现得尤为明显。

儿童时期是孩子人格发展的重要时期。这个时期孩子的大部分时间是在家中度过的，所以家庭教育对其独立性的形成起着决定性的作用。从这个角度出发，孩子缺乏主见，凡事都听别人的大致有以下几点原因：

★父母的教育观念不对路

有些家长总认为孩子听话才是好孩子，有意无意间便向孩子灌输这种思想。比如，“宝宝再不听话，大灰狼就要来吃你了”，“你不听话，爸爸妈妈，还有老师同学们都不喜欢你了”等等。久而久之，在孩子的头脑中便形成这样一种观念，那就是只有听别人的才是正确的。

诚然，孩子听话、乖巧父母就不用担心他在外面和小朋友闹矛盾，可以省去很多力气。但如果孩子表现得过于顺从，凡事没有主见，总是模仿别人，就不是一种好现象了，这对孩子今后个性的健康发展是不利的。

★父母习惯于帮孩子做决定

出于对孩子的爱护，有不少父母习惯为孩子做决定。大到孩子在业余时间学习什么特长，小到孩子穿什么衣服。而当他们发现孩子已经开始过分依赖自己时，却很难正视自己在孩子这一习惯的形成过程中所发挥的作用。

★孩子不自信

如果说以上两点是孩子缺乏主见的外在原因，那么孩子不自信便是孩子内在的原因。缺乏自信的孩子想把事情做好，但却对自身的能力有很大怀疑，于是便习惯于依赖别人的观点。孩子越不自信，越容易形成“别人都比我懂得多”的心理，自我决定性便会藏匿得越来越深。

从上述事例中，我们也可以看出，当琳琳向爸爸妈妈征求意见的时候，两位家长并没有同孩子交流沟通，而是直接拿出了自己的意见。事实上，家长和孩子采取交流的方式最为妥帖。家长可以以“琳琳觉得彩虹和什么在一起最好看呢？”等反问形式的话来对孩子进行无形的启发和引导，让孩子自己去思考，去做决定。

相关方面的专家指出：儿童发展依赖于成年人，又独立于成年人。也就是说家长在培养孩子方面，既不能充当保护神，也不能充当指令员的角色，而要当“向导”，帮助孩子强化自我意识，激发孩子的主观能动性，为孩子创造各种独立处事的条件，使孩子学会独立地面对他人、面对学习和生活，在生活实践中增长智慧、增长才干。

同样一件事，让孩子按照父母的指示去完成，和孩子靠自己独立对孩子的成长来说具有完全不同的意义。后者能让孩子体会到自我的价值，这种成就感对于培养有主见的孩子起着十分关键的作用。

教子处方

多鼓励孩子，让孩子对自己有足够的信心

凡事都听别人的，是孩子缺乏自信的一种表现。培养孩子的自信是问题的核心所在，那么家长应具体从哪 几点做起呢？

1. 不要求孩子事事“听话”

家长们都喜欢懂事的孩子，但要求孩子对自己过分顺从并不明智。从孩子进入幼儿园开始，到慢慢长大融入社会，孩子将要在不同的环境中生存，与形形色色的人群打交道。从小缺乏自信的孩子很容易跟从别人的步伐，无论从孩子自身的发展还是安全方面来说都是有害无益的。

具体说来，很可能使孩子成为性格软弱的人。缺乏自主，遇事不能独立思考，没有主见，甚至日常生活中的琐事都要别人为他拿主意；缺乏自信，生活中总是感到事事不如别人，对周围的事物颇为敏感，甚至可能由于某些微不足道的羞辱而成为自卑的人。

2.给孩子制造机会让他学会说“不”

要使孩子有主见，必须破除孩子对权威的迷信。如可以和孩子一起玩“说不”游戏，家长有意出错，让孩子挑出错误的地方。比如，家长说：“苹果、香蕉、菠萝、芹菜等都是可以吃的东西，都是水果。”孩子说：“不对，芹菜是可以吃的东西，但不是水果，是蔬菜。”在游戏的过程中，当孩子的答案有误的时候，不要指责孩子，告诉孩子，无论大人还是孩子，都有可能出错。孩子意识到这一点，就会正确看待自己的不足，从而逐渐克服听从、模仿别人的毛病。

3.多向孩子“请教”，增强孩子的自信心

经常地鼓励孩子是增强孩子自信的最佳途径之一。家长可以向孩子提出问题，通过肯定孩子的答案来鼓励孩子。比如妈妈过生日，爸爸可以问孩子选择什么礼物，然后按照孩子的意思选择一份礼物。妈妈收到礼物，在肯定礼物的同时也肯定孩子的眼光，孩子就能从中获得自信。

以上三种方法从家长观念的转变到具体的做法都紧紧围绕着“让孩子自信起来”。家长一定要相信，同时也要让孩子明白，一个自信的孩子在遇到问题的时候第一求助的必然是他自己。

5

缺乏判断能力：只看表面现象

家长倾诉

周末，爸爸、妈妈和甜甜在家看电视。

电视上正播放这样一个镜头：一个捡破烂的打开别人家的院门从院子里偷东西，主人发现后找来邻居逮住了小偷。捡破烂的是一个瘦弱的老人，而被盗的主人则是一个强壮的中年人大个子。由于气愤，中年人当众指责捡破烂的不道德；捡破烂的老人由于理亏，表情显得很可怜……

爸爸问甜甜：“捡破烂的老人和大个子哪个是好人呀？”

“老人。”甜甜回答道。

“为什么呀？”妈妈反问。

“大个子不尊敬老人。”甜甜的理由很充足。

“可是这个老人偷别人家的东西呀。”妈妈继续反问。

“大个子看着就不是好人，老人多可怜呀……”甜甜很坚持。

听了甜甜的话，爸爸摇了摇头轻轻对妈妈说：“这孩子很善良，就是缺乏判断力……”

专家分析

判断力的缺失和性格上的缺陷有关

缺乏判断力，对外在事物的判断都停留在一个层次上，是缺乏主见的表现之一。我们可以理解，孩子对外界事物的认识尚不深刻，对事物的判断未必都是正确的。他们凭借自己的喜好对事物做出简单的取舍是一种正常的行为，而对任何事物都不能有意识地去进行比较的孩子，很可能是性格上存在某种缺陷。

缺乏判断力的孩子往往很“听话”，有极大的从众心理，缺乏个性和自信，从来不积极回答问题。这已不能是“生性胆小”四个字所可以解释的，家长应慎重地考虑造成孩子缺乏判断力的深层次的原因。

那究竟是什么原因，让孩子如此“听话”呢？

★视野狭隘

外界的信息对于孩子是非观念的形成作用巨大。孩子到了一定年纪就可以通过一些渠道有简单的善恶之分，比如孩子们知道《蓝精灵》里有一个坏蛋叫格格巫；《小飞侠》里的彼德·潘是孩子们公认的智慧勇敢是好人，而海盗船上的胡克船长是坏人等等。但是如果让他们在好人之中做出选择，他们便认为是一件难事。孩子眼中的世界往往只有两种色彩。这就造成了孩子在性质接近的事物之间做选择的时候出现了困难。

★缺乏自信

自信心是一个人对自身力量的认识和充分估计。它是自我意识的重要组成部分。有的孩子看不到自己的能力，认为自己干什么都不行。这是由于孩子对自身力量的认识和可能达到的成就估计肤浅、不稳定造成的。总觉得自己不如别人，就会使孩子得出完全从属于别人的评价。当别人让他做出评价的时候，往往以含糊的言语来掩饰内心的底气不足，久而久之回答问题便形成一种固定的模式，即总是模棱两可，不够明确。

★没有特殊的喜好

人们常把“梦想”挂在嘴边，并以此来激励自己前行。为什么呢？因为每个人的梦想对自己来说都有十分重要的意义，对于个人具有一种北斗星般指引方向的作用。

同样，一种特殊的爱好或对未来的憧憬对孩子也有一种指引作用。孩子会以此为依据对外界事物做出判断。正确与否暂且不论，这样的孩子往往会对两种事物做出明确的判断，主见性较强。相反，如果没有什么特殊的事物能牵扯孩子的兴奋神经，那他自然没有兴致去对他不感兴趣的事物进行判断了。

我们成人对事物做出判断的时候，总是多角度，多侧面地来思考、分析，然后再基于对事物的深刻了解，结合自身的喜好做出判断。孩子尚不具备这样的能力，但从小开始培养他们的判断能力对于以后的发展很有帮助，无论是对孩子看待问题的方法还是自我能力的驾驭都是十分有益的。

教子处方

让孩子尝到自主选择的“甜头”

家长都希望自己的孩子对善恶、是非有清晰的判断力，因为这对孩子的安全和各方面的发展都很重要。但很多家长忽视了，这种能力的培养应从点滴小事开始，并且需要时间的累积。而很多家长自身总是替孩子做很多决定，从而剥夺了孩子自己选择的机会。这对判断能力的形成有害而无益。

家长可着手从以下几个方面注意对孩子进行判断能力的培养：

1. 让孩子明白“鱼与熊掌不可兼得”

善恶、是非的概念本身对很多孩子来说还是模糊、抽象的，更不要说他们会有清楚明确地判断了。因此，平时父母要注重对孩子进行判断习惯的培养。比如你可以拿着橙子和橘子，问孩子要哪一个。孩子可能觉得样子差不多便都想要。此时，你必须让孩子做出选择，告诉他不可以两个都要。孩子此时便会有一种意识上的触动，便会选择更喜爱的一种口味。同样还可以让孩子两种颜色、两种动物等等之间做出选择，让他渐渐明白“鱼与熊掌不可兼得”。

2. 让孩子由“要我做”转变为“我要做”

一个整天喊着“我要做”的孩子对事物的判断力必然要高于那些被动去做的孩子。“要我做”到“我要做”的转变过程是一个从被动到主动的过程。这个过程实质就是培养孩子主动性的过程。

比如和孩子一起外出的时候，在经济许可的范围内，尽量让他自己挑选所需的物品。这时孩子会非常高兴，主动性极强。而对于他要买的众多物品，让他只选取少数的几件，尽管孩子心有不愿，但慢慢的你会发现，孩子已变得果断起来。因为他已经知道，勇敢地选择总比什么都不选强。

3.让孩子有自己的“特长”

有很多“望子成龙”家长为孩子报很多的辅导班，希望自己的孩子是最出众的一个。其初衷尽管是好的，但让孩子泛泛地了解很多，不如考虑孩子个人的兴趣，让他学有所长。对于自己喜欢的东西，孩子都愿意投入自己的努力，当他扎实地掌握一门技能，便会拥有自信。从而敢于也善于主动对外界事物发表自己的看法。

此外，培养孩子健全的性格，锻炼他的独立性，也是必不可少的。只有让他自己去体验，去感知，他才会对事物产生探究的欲望。对事物有了较深的了解才会在意识当中对事物做出判断。

6

自制力差：什么事都得叮嘱好几遍

家长倾诉

周末，小松在家里玩游戏。妈妈提醒小松先去把作业写完，然后再玩。小松嘴上答应着，手里还一直玩着。

妈妈走过来，把游戏机拿过来，说：“小松乖，先去写作业，要不然明天老师该批评你了。”

小松撅着嘴走进自己的房间，把书本从书包里拿了出来。注意力一点儿都不集中，刚写了两行，听见门“哐”响了一声，小松便蹑手蹑脚地走到门边从门缝里往外看。小松发现妈妈出去了，心想：妈妈肯定是出去买菜了。于是，小松又从房里溜了出来，拿着沙发上的游戏机又玩了起来。

忽然，门又响了。小松想赶紧溜回去，可是已经来不及了。妈妈看见正在玩游戏的小松，无奈地笑了笑，说道：“那等吃过中午饭你再写作业吧，你去爷爷奶奶家告诉他们来家里吃饭。”

“我马上就去！”好动的小松“噌”地从沙发上跳起来，向爷爷奶奶家奔去。

刚到楼下，看见同班的华子在小区的公园里玩，便跑过去和华子玩了起来。一会儿压跷跷板，一会儿又捉迷藏，眼看就要到吃饭的时间了。

妈妈做好饭还不见小松回来，十分担心，便解下围裙，准备出去看看。刚出门，往公园里一瞧，瞧见了还玩在兴头上的小松。一看孩子没事，悬着的心总算落下了，但一想到这孩子这么没自制力又开始犯愁了。

专家分析

家长要求不严是造成孩子自制力差的重要原因

控制自己情绪和行为的能力是衡量一个人心理健康的重要标志。孩子自我控制能力的强弱，对其今后各种能力的培养有很大的制约性。

俄国教育家乌申斯基说过：“注意是心灵的天窗。”注意力不集中和孩子自制力差有着明显的联系。当孩子专注于自己喜欢的东西时，常常表现出极大的自制力，甚至外界有响动也不会轻易地转移视线。这种有倾向性的注意力不算是健康的，真正有自制力的孩子在他所接触的有意义的事物上都能控制自己，并认真对待。然而，现实当中的很多孩子都无法做到这一点，很容易为外界所干扰，丢下手头的事情又去做另外一件事。

自制力的强弱直接影响孩子的学习和生活，以及认知和社会性情感等身心各方面的发展。要培养孩子的自制力，还得让孩子首先有好的注意力。

孩子注意力的形成虽然与先天的遗传有一定关系，但后天的环境与教育的影响更为重要。家长应当根据孩子的身心发展规律与特点，为他创造良好的教育环境，从孩子出生起就有意识地培养孩子的注意力。

那么，造成孩子注意力不集中的原因有哪些方面呢？

★家长对孩子要求不严

大家都知道军人的自控能力都很强，这和他们平日严格的军纪和艰苦的训练是分不开的。当然家长不可能如此严格的管教自己的孩子，但适当

地给孩子订些规矩，对其自制能力的培养是很有益的。但是，由于现在大部分子女都是独生子女，许多家长疼都疼不过来，更别提定规矩了。但家长要明白，不能严格要求孩子很容易造成孩子日后注意力的涣散。

★生活习惯不好

良好的生活习惯是高质量生活的一部分。它引导人们在最适宜的一段时间内去做最适合的事情，久而久之自然能形成良好的自制力。但大部分家长都习惯帮孩子做很多本该由孩子在特定时间来完成的事情，使得孩子没有紧迫感。因为孩子觉得，到时间完不成家长会帮忙解决的，不用着急。于是他们总是想起什么来就做什么，时间久了，自然散漫。

俗话说“一把钥匙开一把锁”，每位家长还得根据自己孩子的具体情况，有针对性地采取相应的办法。

教子处方

引导、培养孩子严格要求自己

孩子有善于模仿、易受感染的特点，因此家庭的语言、道德环境，都对孩子的生活习惯，身心发展有重要的影响。家长应以身作则，在孩子面前表现出自身的自制力，同时努力地为孩子营造良好的环境，并充分利用一些健康的儿童作品去影响孩子，引导、培养孩子严格要求自己。

具体来说，也可采用几下几种方法：

1．营造安静、简单的环境

外部世界诱惑太多。孩子注意稳定性差，容易因新异刺激而转移。因此，父母应根据孩子的这一特点，排除各种可能分散孩子注意力的因素，为孩子创造安静、简单的生活和学习环境。

比如在孩子的房间里，窗帘、床单的花色不要太过繁复，各种小饰品也不要太多。尤其是孩子学习的写字台旁边更应该保持简单，以减少干扰因素的影响。

另外，当孩子安心做一件事时，父母不应随意打断他，强行让他做另外的事。在孩子做事的过程中，有意地让玩具远离他的视线范围。当然也可以反向地训练孩子，即家长可以偶尔在孩子做事时，假装无意地把他感兴趣的玩具、糖果等放在他旁边。当孩子表现出要放弃当前的活动去选择新的诱惑时，家长应及时明确地提出要求，让孩子集中注意力。

2.丰富孩子的经验，培养孩子的兴趣

兴趣与需要是孩子活动的内在推动力，能直接影响孩子注意力。因为孩子的经验不足，感兴趣的东西有限，所以要尽量让孩子接触新事物，从中培养孩子的兴趣。尤其是孩子对学习的兴趣，家长可以要求孩子复述当天在课堂上的内容或印象深刻的事情，并给予一些奖励，让孩子渐渐地对学习主动地去接受。

在培养孩子兴趣的过程中，家长应注意一点就是培养孩子兴趣的内容难度要与孩子的接受水平相适应。既要让孩子体验到成功的快乐，同时又能感受到一定的挑战。

3.培养注意力的广度

由于孩子往往只对自己觉得有趣的事物有很大的注意力，因此针对这一点，家长应注意拓宽孩子注意力的广度。比如可以和孩子玩一个游戏，先在孩子面前摆放上红、黄、蓝、白等各种颜色的卡片，让孩子观察几秒钟，然后让他闭上眼睛，趁机悄悄拿走几张，然后让他说出哪些颜色的卡片不见了。这个游戏要求孩子在观察时，快速地注意到多种颜色，从而能起到锻炼孩子的注意广度的作用。

当然也可以让孩子猜具体的物品，但要注意种类要适量。物品过多容易让孩子觉得过难，从而产生畏惧心理。

儿童的注意力不集中有其科学上的解释，研究表明，四五岁的孩子能

够集中注意力的时间为15分钟左右。因此，家长应耐心地培养孩子的自制力，多交流，积极地鼓励孩子按时去完成一件事，相信孩子可以逐渐地养成良好的生活习惯及自控能力。

7

攀比：我爸爸能管住你爸爸

家长倾诉

王腾和李飞是同桌，两人常常谁也不服谁。

课堂上，老师教了一种解题方法之后，又出了一些题目，让大家独立解决，下课之后交上去。

不一会儿，就听见两个人吵了起来。

“你做得不对！笨死了！”王腾嚷嚷着。

“你的才不对！老师就是这么教的！”李飞也不甘示弱。

两个人你一言，我一语，眼看就要动手了。

“你还不服气，我爸爸是警察。你再说，我叫我爸爸来抓你！”王腾指着李飞喊道。

“切！谁怕你呀，我爸爸权利才大呢，能管住你爸爸！”李飞声音也越来越大。

……

专家分析

过分攀比是一种“寄生”心理的体现

孩子之间相互攀比已经不是什么新鲜事儿了。他们比谁的衣服更贵，谁的书包更精美，谁的父母更有本事等等。似乎谁在这些方面占优势，就可以在同学中间树立威信。

攀比的直接动因是孩子争强好胜的心理在作怪，他们渴望通过父母为自己创造的一切来满足自己求胜的欲望。表面上只是孩童的一种幼稚表现，但是从深层来看，这恰恰就体现出在优越的环境中成长起来的一代孩子，他们意识里的“自我”是建筑在家长创造的优越基础之上的。能正确地看待自己以及他人的家庭条件，并在头脑中有自立意识的孩子并不多。这虽然是一个大环境的问题，但是从生活的各个方面来让孩子树立一个正确的金钱观和地位观十分重要。

为孩子的教育、身体健康做投资是必要的，但在日常生活中对孩子过分放纵，就会让他产生“我不会缺钱”、“爸爸妈妈会给我足够的钱”、“爸爸妈妈会为我摆平与别人的矛盾”等的想法。这样，本该从小培养的意志力、进取心等品质都会渐渐被藏匿起来。

造成孩子攀比心理，与父母对孩子的教育方法不得当有着相当大的关系，当然也有其他方面，总结起来有以下两点：

★大环境的作用

如今的社会充满了竞争，不可否认，良性的竞争会使得生活的各个方面都向着良性的方向发展。但孩子还无法深刻地理解真正的竞争意味着什么。父母在家里闲聊的时候，总会提到些家长里短的事情，像是哪个朋友又升职了，谁做生意赚钱了。说者无心，听者有意，那些话，以及身边相关事件作用在孩子头脑当中，相互攀比的行为就成为最直接的产物。

★物质崇拜在作怪

随着物质生活水平的提高，有很多父母，尤其是在大中城市，已经为孩子提供了相当优越的物质条件，即使是普通的工薪阶层，家长也是宁可自己节省也要满足孩子的需求。当孩子通过用钱交换来了好吃的零食、漂亮的衣服等，他们就会觉得钱的价值很大，形成一种盲目崇拜。当然，孩子对权力地位的崇拜也是如此。

于是，无形中，孩子就开始关注身边的小朋友，看他们是否比自己拥有的更多。如果是，要么觉得对方很了不起，要么就很不服气，从而转向自己的父母继续索取。而很少有孩子想着靠自己的双手来让自己拥有更多。所以，这是一种明显的“寄生心理”，依靠父母扎下的根基，不断地使自己显得比别人“强大”。于是，父母的地位、金钱的多少就成了孩子们攀比的对象。

攀比是一种正常的心理，每个人或多或少都有一些。对孩子来说，这种心理可能转化成使其前进的推动力，也可能转化成其对家长严重的依赖。所以，如果不对孩子做正确的引导，将会产生很大的危害，包括分散精力，影响孩子的学习；加重家庭的经济负担；养成并助长孩子的虚荣心及奢侈浪费的生活习惯；孩子的消费观念和消费行为走进误区，发展下去很容易导致违法犯罪行为等等。家长绝不可掉以轻心。

教子处方

让孩子树立起正确的价值观

正确对待孩子的攀比心理，既不可盲目地纵容，单纯的说教也不是明智之举。这里有几点建议：

1．变攀比为良性竞争

孩子相互攀比无非是想满足自己的求胜欲，父母可以引导孩子去追求正确的东西来转移他对物质、权力的注意力。比如家长可与老师多沟通，不时地让孩子之间展开有益的竞争。可以比谁跑得快，谁作业完成得好等，并给优秀的小朋友以奖励，使得孩子们懂得，原来并不是谁的衣服更贵或谁的书包更漂亮才能引起别人的注意，才会受欢迎。

2.家长以身作则，帮助孩子树立正确的人生观

对于家庭条件较好的家庭，家长要注意节制孩子对物质的需求，以免孩子对家长产生依赖心理。因为大家都知道，依赖心理会羁绊孩子自立能力的发展以及独立性格的培养。

另外，家长可以有针对性地给孩子讲一些以往或身边人的故事，让孩子对节约和劳动赚钱有所认识。比如带孩子上街的时候，看到清扫街道的清洁工，可以对孩子讲这些人每天都要起很早，无论夏天多热、冬天多冷都要坚持工作，让孩子明白赚钱是一件辛苦的事情，自己的父母其实也是通过辛苦的工作才能赚到钱给自己买好吃的。

孩子的心灵都很纯真，有些道理即使已为成人所不屑，但对孩子来说却是很珍贵的。

3.通过培养兴趣转移孩子的注意力

“兴趣是最好的老师”，这是伟大的科学家爱因斯坦的至理名言。的确，当一个人对一件事或某一事物产生浓厚的兴趣时，他就会投入极大的精力。孩子也一样，根据孩子自身的条件以及其喜好培养他的兴趣，让他专注于自己喜欢的东西，未尝不是转移孩子对物质注意力的一个好方法。

兴趣会引导孩子去做积极的事情，并在自己所做的事情中锻炼能力、树立自信，这样孩子就不会因为自己在物质方面不如别人而懊恼了。

家长正确对待孩子的攀比心理，不要挫伤孩子的自尊心。只有把这种心理控制在合适的范围内，并引导向一个正确的方向，才能让孩子树立起自我意识，从而从根本上摆脱这种“寄生”心理。

8

脆弱：有一点儿挫折就灰心，闷头不说话

家长倾诉

佳佳在学校成绩很好，也很听话，爸爸妈妈对她都很放心。

这天晚上，佳佳放学回家，一进门连“爸爸妈妈”都没有喊就独自进了房间。

爸爸妈妈一看孩子和平常不太一样，便想去佳佳的房间问问情况。谁料佳佳把门锁上了。

“佳佳，出什么事了？你把门开开呀！”爸爸一边轻声地敲门一边问。

“我没事，我写作业呢，你们别管了。”佳佳在里面没精打采地回答道。

爸爸妈妈一时也不知道该怎么办就没再继续追问。

到了吃饭的时候，还不见佳佳从房间里出来。爸爸妈妈更纳闷了，便又过去敲门。

这下总算出来了，可佳佳在饭桌上一声不吭。

“佳佳，怎么了？在学校和同学闹别扭了吗？”妈妈一边给佳佳夹菜一边小心地问。因为她了解自己的女儿十分敏感，怕影响她的情绪。

过了好一会儿，佳佳才开口说话：“今天作文课的时候，老师说我和

思思的作文写得好，就叫我们轮流上台念自己的作文，可是老师说我声音太小了……”

“这算什么呀，老师又没有批评你，下次声音再大些就可以了。”爸爸安慰佳佳道。

“才不是呢，老师的意思就是思思比我好！”佳佳一下子提高了声音。

爸爸妈妈都不知道该说什么了。

专家分析

坚强的意志能让孩子受益终生

儿童的心理是敏感多变的，表现之一就是遇到高兴的事就乐开了花，而一遇到点挫折就垂头丧气。严重一些的，孩子甚至会因为微不足道的小事而留下心理阴影，对自己彻底失去信心。而社会要求我们的孩子必须具备坚强的意志，毕竟前方的路途不可能总是平原，遇到山峦、丘陵一样的困难是很常见的事。所以，孩子若没有坚强的意志去和困难拼搏，自立自强也就无从谈起了。

因此，要让孩子有能力迎击更大的挫折，就要让孩子从小坚强起来。

造成孩子对待失败态度偏激的原因可归结为以下几点：

★天生“多愁善感”

有人常拿“天生多愁善感”来形容性格阴郁的人，这也暗含着一定道理。以天生气质来说，就是“情绪本质”负向的孩子，他们在遭遇不如意时，通常会以负向的情绪：如哭闹、沉默不语发脾气等来表达。这是他的个性倾向，家长在对待的时候不能一味地认为孩子太不懂事。

★不能客观地认识自身及失败

一般十分看重考试结果的孩子都有极大的求胜欲。从表面上看来，这样的孩子懂得进取，但实质上他们并不十分自信。真正的对自己的信任来自于内心，不会因为一次考试结果就否定自己。他们把失败看成耻辱，即使微不足道，也会觉得它撼动了自己的尊严。因此，父母要引导孩子客观认识自己，让孩子知道严格要求自己是好事，但不能将失败看成大敌；允许自己失败，才能取得更大的成功。

★父母对孩子要求过严

很多家长都希望自己的孩子成为佼佼者，整日地把学习的事情挂在嘴边，而且常常拿自己的孩子和别的孩子比较，让自己的孩子向学习好的同学学习。这样无形之中就给孩子造成了一定的压力，而且让孩子觉得自己不如别人。当他努力地去做好但是又遭遇失败的时候，自然情绪十分低落。这不仅仅是因为一次小的成绩而有挫败感，而是对自己整个人的怀疑使孩子十分沮丧。

“不经历风雨，怎能见彩虹”，这句话本身没有错，但它强调的是正确面对人生的风雨，以一种积极乐观的心态和坚强的意志去与艰难搏斗。在挫折教育中，有一种似是而非的说法：“要让孩子在不断的挫折中接受挫折教育。”似乎孩子经受的挫折越多越好，其实这是一种误区。心理学家们为挫折这样定义：“挫折是个人从事有目的活动时，由于遇到障碍和干扰，其需要不能满足时的一种消极的情绪状态。”既然挫折是一种消极的情绪状态，就需要用正确的态度来对待，否则挫折，会使孩子失去自信心，变得自卑和软弱。

教子处方

引导孩子正确面对失败

意志品质主要靠后天的教育培养。一个小孩子在小学低年级会表现出意志品质的初步状态。小学三四年级开始，意志品质的各方面因素发展很快。因此，必须从小抓紧意志品质的培养，一点也不能放松。

那家长具体应该怎么做呢?

1．让孩子明白失败并不可怕

如果说孩子从一开始就把失败看得太过严重，不妨“设计”一段小小的情节让孩子明白失败也有好的一面。比方说，爸爸某一天可以装作心情很不好的样子，当孩子问爸爸怎么回事的时候，爸爸可以告诉孩子工作上出现了什么问题，被领导批评了。而改天则十分兴奋地告诉孩子自己从上次的失误中领悟出了不少东西，受到了表扬还得到了额外的奖励。孩子再遇到问题的时候便会想想能不能从中汲取什么教训，当注意力不是完全集中在“失败”上面时，情绪就不会那么糟糕了。

2．让孩子大胆地说出自己的想法

有些孩子之所以在行为或情绪上表现得十分偏激，是因为他们没有找到更好的缓解方式。家长应与孩子进行贴心的交流，鼓励他们大胆地将郁结在心中的心事说出来，帮助孩子找到根源解决问题。沟通的力量是无限的，让孩子多交贴心的朋友，学会用语言来表达内心，才不至于使孩子盲目地求助于行为或情绪上的豁口。

3．多鼓励孩子，让他树立自信

哈佛大学心理学家威廉·詹姆士研究发现：一个没有受激励的人，仅能发挥其能力的20%～30%，而当他受到激励后，所发挥的作用相当于激励前的3～4倍。这些激励不仅要由外部（父母）给予，更要由内部（孩子自己）发出——自我激励。因此，在孩子受挫的时候，家长应多鼓励孩子，让他始终对自己保持信心。

另外，家长还可以让孩子在一些活动中锻炼自己的意志，比如下棋。下棋还能培养孩子的竞争意识、磨炼孩子的意志并提早让孩子接受挫折教育。下棋有输赢，要赢对手，就必须有强烈的取胜愿望，而且要赢得一盘棋，肯定会遇到各种困难。孩子在下棋的过程中不断遭受输赢的磨炼，不断地总结经验教训，水平才能不断提高。

9

爱哭：有事儿没事儿都得哭两声

家长倾诉

雅娟长得很可爱，十分招人疼平时也懂事乖巧，但最让父母感到头痛的是特别爱哭。只要是没顺她的意、没满足她的要求，她就扯着嗓子开始哭。哭声特别大，为此邻居还给她起了一个“金嗓子”的外号。一哭起来，父母左哄右哄，软硬不吃，最后一直逼着父母顺了她的意，她仍要哭很长时间。

周末这天，李叔叔一家来做客。李叔叔就打发儿子李毅和雅娟一起玩儿。没玩多久雅娟就哭了好几次，弄得李叔叔都很尴尬，一直批评李毅：“你是男孩子，别欺负妹妹。”没想到李毅反驳道：“谁欺负她了？是她自己太爱哭了，我不跟她玩儿了！”

这一句话还没落地，雅娟的哭声就又很配合地响了起来。

专家分析

哭是孩子表达情绪的一种方式

人们常开玩笑说：这个人的泪腺太发达。这其实是说这个人太爱哭。

爱哭说得好听一点是多愁善感，说得不好听是情绪管理不佳。不过有的人虽然不哭，可是天天心里愁云惨雾，表面却强颜欢笑也不见得是件好事。尤其对于孩子来说，很容易哭闹发脾气。

孩子易冲动，自制力差，对挫折的容忍程度是有限的。当他们的要求不被允许时，哭就是他们表示反抗的一种方式。小孩子，心里有事的时候寻找一个豁口来释放一下，相对于总是闷不吭声也不是什么坏事。因为从小就沉默不语对于孩子的性格、人际等方面多少都会有影响。但任何事情都讲究个度，哭也一样。尤其是当孩子再大些，对挫折有了一定的控制能力，初步明白了一些事理，如果还频频哭闹，家长就得认真找找原因了。这很可能说明家长教育孩子的方法存在问题，使孩子养成了爱发脾气的习惯。

事实上，爱哭也是不自立的一种表现。想想看，哪一个自立的人会用哭来解决问题呢？因此，家长要让孩子学会用适当的方式来表达自己的情绪。那孩子哭的背后究竟有什么原因呢？

★孩子天生性情脆弱

也就是说，爱哭不是孩子刻意所为，而是一种不自觉的表现，类似于人的某些本能。就像有的人天生胆子大，而有的人走夜路就会战战兢兢。天生爱哭的孩子，性情都会有些脆弱，对此家长要有充分的思想准备，注意从日常生活的点点滴滴中，循序渐进地施加影响，使之脆弱的个性逐渐改善。

★语言表达能力不够

上面提到，孩子把哭当成表达情绪的常用方式，而对于我们成年人来说，哭根本不能解决冲突。大人都知道，解决问题需要用语言交流，并付诸行动。对于小孩子来说，他不理解什么是最好的方式，他仅仅明白哭是最简单的方式。因此，平时多与孩子交流，让他学会用语言交流，让他体会语言的力量，慢慢地，“哭”这种方式他就会弃置不用了。

★孩子内心缺乏安全感

我们可以想想自己什么时候会哭？喜、怒、哀、乐，四种情绪，最容易让我们掉泪的应该是第三种情绪：哀。人在什么情况下会哀？感觉寂寞无助的时候，失去亲人朋友的时候等等。而孩子还小，感情不会有大人那么丰富，因此孩子总爱哭最可能是因为内心缺乏安全感。家长太忙没有时间陪伴孩子，与别的小朋友争吵受了委屈等等都会引发内心的恐慌，从而“情不自禁”地哭了起来。

实际上，无论是成人还是小孩，“哭”都有它正面的意义。想想我们每个人刚出生时，如果不哭，接生人员都要想办法让我们哭。哭表示健康、生命力，但从那一刻以后，大人却总是想办法阻止孩子哭泣，似乎有点违反常理。当然没有人希望自己的孩子总是为一点儿的小事就哭，先别说对孩子的性格会有影响，单是看在眼里也会觉得心疼。关键在于家长要理解孩子的敏感性，并引导孩子选择一个恰当的表达情绪的方式。

教子处方

理解当先，再选择正确的亲子教育方式

除了偶尔喜极而泣，很少有人在心情舒畅的时候哭泣。因此哭的背后总有一定的原因。哭，并不一定是件坏事。大哭后，孩子可以感觉轻松、压力减轻。有些学者发现，爱哭的人甚至比不爱哭的人生理与心理更健康。因此，父母不要为了清静，过于抑制孩子的情绪，不让孩子哭。

不少脾气暴躁的家长无法理解孩子为什么总是哭哭啼啼的，总是要求孩子好好说话，而自己却没有好好说话。孩子受到惊吓，内心的恐惧感更加强烈，这样怎么能好好说话呢？

所以，父母应理解孩子，再选择正确的亲子教育方式。一般来说，恰当的做法应该是：

1.适当照顾孩子的情绪

照顾孩子的情绪包括两方面：一是家长首先要克制自己的情绪，对孩子表示尊重；二是家长应该理解孩子的敏感性，否则就容易伤害孩子的自尊心，而自尊心受挫的孩子往往更容易哭泣，从而陷入一个恶性循环。

2.弱化孩子的哭

很多家长见到孩子哭，不会严厉地呵斥，总有自己的一套办法，比如对孩子说“你不哭，妈妈就带你去吃麦当劳”、“不哭，爸爸给你买‘变形金刚’”等。乍一看，孩子不哭了觉得还挺奏效，事实这种方法会强化孩子爱哭的心态。因为孩子从“哭”中收获了东西，觉得“哭”能给自己带来好处，那他为什么不哭呢？

父母对孩子的哭应采取“中性”的态度，使孩子分散注意力而停止哭泣。可以给一定的安慰，不能给太多同情，否则会哭得更凶。比如家长可以告诉孩子，“等你什么时候不哭了再说”等，然后专心地在房间内做自己的事。慢慢地，孩子的目光就会随着家长来回移动，注意力分散了慢慢也就不哭了。家长的过分心软，对孩子其实并无多少好处。

从小教孩子看事情的光明面，增进孩子的语言表达能力，凡事鼓励孩子说出来，只有他用说的不用哭的，才给予正面响应；培养孩子的情绪管理能力；同时也要反省自己对待孩子的态度，是不是忽略了孩子，或太凶、太严厉？或者过于保护？当然更不能孩子一哭就妥协。最后，还要给孩子时间，协助他逐步改善，等孩子身心成熟度够了，情况自然会逐渐好转。

10

心急：多等一分钟都不行

家长倾诉

周末，爸爸妈妈带着王轮到游乐场玩儿。

到了“旋转木马”那儿一看，有许多家长都领着自己的孩子在那里排队等候。

“爸爸，我要骑马！”王轮摇着爸爸的手说。

“那咱们在这儿排队吧。”爸爸说。

“不如咱们先去玩儿别的游戏，等这边儿人少了，再来玩儿，好吗？”妈妈提议道。

“不嘛，我就不！我就不！我现在就要玩儿！”王轮不依不饶。

“那不如这样，你和妈妈在这儿等着，爸爸去给你买冰激凌，回来一边吃一边玩儿，行吗？”爸爸想以此来拖延时间。

“那你快点儿啊！”王轮撅着嘴说。

刚过两分钟，王轮又开始缠着妈妈说：“妈妈，爸爸怎么还不回来？”

“马上就回来了！”

“我不等了！我现在就要骑马！”王轮一边说着一边使劲儿地拽着妈妈的胳膊往往前边走，“我现在就要骑马……”声音也越来越大，周围的人都看着王轮冲着妈妈发脾气。妈妈既不愿当众批评王轮，又拿他没有办法……

专家分析

不能立即答应孩子的要求

人是否有耐性，是其人生和事业成败的重要因素之一。同时，一个缺乏耐性的人也无法自立，因为自立需要人有十分强烈的自我意识。这种自我意识不是消极的偏执，而是要求自己对自己的事情负责。而缺乏耐性的人首先最容易对自己失去耐性，那如何谈自立呢？

法国教育家卢梭在《爱弥儿》一书中对已为父母的人这样说：“你知道用什么办法准能使你的孩子得到痛苦吗？这个方法就是：百依百顺。”但很多家长的理解都是相反的，他们认为百依百顺是使孩子感到幸福的方法。孩子要什么，父母总是第一时间达成孩子的心愿。这样时间长了，孩子就会养成“有求必应”的习惯。

家长在责备孩子遇事太过心急的时候，有没有想过自己的亲子方式是否有问题呢？有没有想过孩子为什么多等一分钟就会受不了呢？

现在的孩子吃穿都不愁，可见到自己没有的或想要的东西就得立刻拿到手、吃到嘴，脾气一个比一个急，想法也是一个接着一个地往外冒。家长们通过忙碌的工作有了为孩子提供物质条件的资本。于是对孩子有求必应，慢慢地孩子的头脑中逐渐形成了这样一个思维定式：我要什么马上就能有什么。孩子欲望的沟壑似乎越来越深、越来越宽，父母的爱和关注把孩子变得越来越贪心。这种贪心不仅表现在想要的东西越来越“天马行空”，而且要求在想要和得到之间的时间差必须越来越小。由此来看，孩子缺乏耐性的原因不难发现。

孩子在小的时候，有家长的万千宠爱，可以及时地满足他们的需求。

但当孩子长大外出求学、融入社会，总要与形形色色的人打交道，不会有人像父母那样再迁就他，而儿时性格中的某些缺陷已经根深蒂固了。于是他很容易就对周围的人抱有偏见，严重的还可能出现心理问题。因此，从小培养孩子健全的性格是十分重要的。

忍耐不是孩子与生俱来的品质。家长必须一刻一刻地、一天一天地、一年一年地教给孩子，孩子也需要花费很长的时间来学习。孩子要学会忍耐，必须获得两种重要的智力技能：估量、理解时间的能力和领会因果的能力。另外，孩子还需要两种关键的情绪技能：忍受挫折的能力和延迟满足的能力。所需的这些技能之间都是相互关联的：比如，拿事例中的主人公来说，如果明明能领悟到排队和“骑马”之间的因果关系，便能平心静气地等待，也就是具有了延迟满足的情绪技能。

教子处方

延迟满足，教孩子学会控制自己

在了解到拥有忍耐的好性格需要长期的培养之后，家长可以从以下几个方面培养孩子的耐性：

1.延迟满足孩子

孩子哭泣，家长要沉得住气。你可以先延迟一分钟，让孩子在还没有撑破信心之前出现在孩子的面前。这样，孩子不至于产生恐慌。之后，再慢慢地多延长一些时间。哭是孩子寻求帮助的一种必要信号，但家长有必要让孩子学会等待。在孩子等待的时间里，告诉孩子你正在做什么，孩子逐渐地会开始接受妈妈做事和妈妈出现在自己面前之间有一个因果关系。慢慢地，孩子只要听到妈妈的声音内心的烦躁就会消减。如此操练一段时间，孩子对“延迟呼应”的态度就会从“愤怒”变为平和了。

家长也可以在孩子有一些要求，比如想要一件玩具或是什么食物的时候，迟一会儿给他，并告诉孩子不立马给他的原因。比如，“嘘！玩具正在睡觉呢。等他睡醒了你再跟他玩”，“你摸摸，稀饭很烫，等凉了再吃，不然会烫到嘴巴的”等。

对于较大一些的孩子，也有不少可具体操作的方法：比如当孩子提出想去动物园时，妈妈可以告诉他：“这儿有4个苹果，宝贝每天吃一个，吃完了就到星期六了，爸爸妈妈就可以带你去动物园了。”这是利用视觉辅助，帮助孩子理解时间的概念。

2. 教孩子学会善解人意

由于任性，很多孩子都会对父母提出一些过分的要求。如果孩子很懂事，可以理解父母的辛苦，便会善解人意地给父母足够的时间来帮助自己完成心愿。

生活小事铸就孩子的高素质，父母可以使孩子在平素的日积月累中慢慢懂得还有比自己的要求更重要、更紧急的事情，学会善解人意、习惯于等待。比如，孩子要求和妈妈一起看动画片，此时妈妈可以和孩子商量：“妈妈有件重要的事情要做，等办完事再和你玩好吗？”如果孩子不肯，你可先肯定孩子：“要是把重要的事耽误了，妈妈会着急的，你是懂事的宝宝，你愿意让妈妈着急吗？”“不愿意。”“那你就等妈妈一会儿，好吗？”孩子一般会答应的。再比如如果四岁的孩子将玩具散落一地提出到外面玩，你可以答应他的请求，但前提是让他把玩具放回原处。

让孩子习惯并平静地接受延迟满足，离不开表扬和奖励，而且是需要长时间的作用。家长应该以身作则，对待自己的工作不要表现地过分心急，同样对待孩子也是。另外要注意循序渐进，从易控制的事做起。在多年的观念传递之后，孩子就会把它内化为自身的一种素质和能力。

3.让红绿灯带给孩子启示

带孩子过马路时，教他观察前方的交通指示灯，告诉他“红灯停，绿灯行”。这不仅仅是在教孩子交通和安全的知识，也是很好的训练孩子忍耐力的机会。孩子会亲眼看到，当红灯亮起时，同一方向的所有车辆和行人都必须停下来，等待绿灯亮起才通行。这让他渐渐了解，忍耐不仅仅是对他作出的个人要求，而且人人都有需要等待的时候。

4.和孩子玩“不许动”的游戏

孩子都喜欢做游戏。平常在家里家长可以和孩子多玩“不许动”的游戏。喊出口令：“我们都是木头人，不许说话不许动，不许走路不许笑！”的口令，往往比要求孩子“别乱动”管用得多。而且孩子还会觉得很有意思。无论游戏的参与者本来是什么姿势，口令完毕都必须立刻保持不动。如果有人先忍不住说笑或有小动作，这个人就要被惩罚。“不许动”之类的游戏能帮助孩子学会控制自己。

11

怯场：一考试就出状况

家长倾诉

露露上小学三年级，每天放学回来都会主动回到自己的房间学习，所以一直都是让爸爸妈妈很放心的孩子。开家长会的时候，老师也经常夸奖露露，说她上课认真听讲，作业完成得也十分出色。

但是有一点令老师和爸爸妈妈都十分奇怪，就是露露每次考试，无论是平常的小测验还是期中、期末考试成绩总是不理想，与她平日的表现完全不相符。

又快到期中考试了，爸爸妈妈决定让老师帮忙一起观察一下，看看露露的问题到底出在哪里。

考试的前一天晚上，露露吃得很少。

“露露，今天的饭不好吃吗？怎么吃那么少？”妈妈装作随意地问道。

“不是，我不饿。”露露说完就回自己的房间了。

平常露露吃过饭，会看一小会儿电视，然后再回自己的房间学习，一会儿再去睡觉。可今天露露吃过饭，立马就回房间了，也没有看书，就直接睡觉了。

第二天早上，露露也是只喝了一口牛奶就走了。

快到中午的时候，妈妈接到老师的电话，让她快赶到学校医务室，露露在考试的过程中晕倒了。

专家分析

解决怯场问题要从外界和孩子自身两方面入手

很多家长都反应：自己的孩子平常很听话，学习也很主动认真，但就是考试怯场，考试成绩也总是不理想。这使得家长十分苦恼，既害怕孩子压力太大，也担心怯场会影响孩子的前途，毕竟每个孩子从小学到大学，要经历无数个大大小小的考试。如果无法正常应对的话，自然无法自立起来，毕竟成长的路上要面临诸多比考试更大、更艰难的场面。

考试怯场是一个比较普遍的现象，它是一种短暂性心理失常现象，是由各种原因造成的情绪过度紧张所致。表现为在考场看到较难的题目会马上心慌意乱，导致对简单的题目也无法解答；还有就是看到平日练习过的题目也会由于过度紧张而导致对储存在头脑中的材料无法记忆等。严重者还可能出现头晕（俗称晕场）、目眩、恶心症状等，结果造成考试失利。

考试怯场最直接的生理原因是大脑皮层中由于情绪高度紧张而出现了优势兴奋中心。这个优势兴奋中心又因为免诱导规律而使大脑皮层的其他部位产生抑制。简单地说，就是大脑中紧张的兴奋中心把其他该兴奋的地方给压抑住了。

由怯场的生理原因我们可以看出，要让孩子以一种轻松自如的状态坐在考场上沉着应对，就要消除干扰性的优势兴奋中心。而情绪的高度紧张很明显是由于压力所致，因此，还得从分析造成孩子过度紧张的压力来源入手：

★家长对孩子期望过高

现在很多家长都拥有自己的一番事业，他们总希望自己的孩子像自己在社会中扮演一个出众的角色。常会说“你要是考不好就太给爸爸妈妈丢脸了”、“你吃得比别人好，穿得比别人好，怎么成绩就比别人差呢？”等诸如此类的话。这些话在孩子心中形成巨大的冲击，造成孩子越努力就越紧张，而越紧张，成绩也就越不好这样一个在家长看来无法理解的“怪圈”。于是，家长又采取了给孩子补脑，请老师补课等措施，却没有想到，这些东西造成的压力正是孩子陷入“怪圈”无法自拔的根源所在。

还有一种家长同样对孩子寄予厚望，他们往往因为某些原因没有通过读书过上富裕的生活，便把希望放在孩子身上。这同样也会对孩子形成巨大的压力。

★学校的制度与环境

孩子的自尊心都很强，他们会为了维护自己的自尊心而做很多努力。一些学校抓住了孩子的这种心理，试图通过使孩子自尊心受挫的方式刺激他们好好学习。比如：座位按成绩排名依次排序、将分数张榜公布等。这种压力过大，必然使孩子觉得每次考试都会决定自己下一阶段的命运，紧张情绪自然无法避免。

这些外在的因素通常叠加起来作用在孩子身上，使得孩子负荷沉重。其实，即使是成年人在当下竞争激烈的社会环境中也经常会有感到吃力的时候，更别说孩子了。再加上不少孩子自我期望值也很高，当成绩无法达到自己的要求时，便会自己给自己制造压力。因此，要让孩子有一个良好的心理素质，还得从外界和孩子自身两方面入手。家长不要太过看重孩子的成绩，同时锻炼孩子学会自我调控，这样才能治标又治本。

教子处方

教孩子学会调整自己的心态

由上述分析看来，造成孩子压力的因素主要包括家庭和学校的两个大方面。目前，要改变学校体制还不太现实，因此还得依靠每个家长调整自身的心态，多给孩子鼓励，不要总拿自己的孩子与其他孩子相比，让孩子在一个宽松的环境中逐步将自己的心态固定在平稳的位置。

那家长应采取什么方法呢?

1.给孩子制造些当众表现的机会

让孩子当众表现自己，可以锻炼孩子的胆量。容易怯场的孩子往往一感受到考试临近的气氛就会害怕，尤其是走上考场的时候，更是会为那种紧张的气氛所俘获。因此有必要让孩子在日常生活中锻炼孩子的胆量。孩子经历过了比考试更紧张的场面，再面对考试自然就不那么紧张了。

比如，家长可以先在家中办一个小小的演讲比赛，请一些亲戚朋友来看，多给孩子一些鼓励，让他拥有自信。自信是勇气的源泉。还有，如果孩子唱歌很动听，可以让孩子在学校参加一些演唱比赛等活动，这样都可以让孩子肯定自身的过程逐步勇敢起来。

2.教孩子在考场上给自己“解压”的技巧

在考场上为自己减压的小技巧有很多，比如让孩子学会转移注意。转移注意就是暂时地强迫自己把注意力集中在考试以外的事物上，使紧张程度缓解。比如，当考场上过于紧张时，做做深呼吸，然后闭目静心，想象蓝天白云、清泉流水、无垠的草地等等能使自己心绪平静的场景和事物；或者认真听老师讲考试注意事项，想想考完之后可以愉快地玩上一会儿等等，都会使自己平静下来。

3.保持孩子在考前的生活习惯

不要为了孩子的考试而特别地为孩子加餐或做新花样的饭菜，这样容易使气氛紧张。按从前的步调，不紧不慢即可。

另外，家长还要注意指导孩子在考前把该准备的用具准备好，放在比较保险的地方。有的孩子会因为用具准备不齐全，临时发现，瞬间产生紧张情绪。

最后，提醒家长，周末可以多带孩子出去走走，感受一下大自然的魅力，放松身心对于调整状态也有不小的益处。

12

“喜新厌旧”：刚买了玩具又要新的

家长倾诉

周末，妈妈带着刘叶去逛街。

“妈妈，你给我买‘米奇’！”刘叶指着橱窗摆着的“米奇”玩具说道。

“上周不是刚给买了一个，比这个还大吗？”妈妈说。

“那个‘米奇’的衣服不如这个好看，我就要这个！”刘叶摇着妈妈的手臂嘟囔着。

妈妈拗不过，只能买下来。

回到家中，电话响了。是在外地出差的爸爸打过来的。

刘叶从妈妈手中抢过听筒，“爸爸，你什么时候回来呀？回来给我带礼物吗？”

“爸爸后天就回去了，你想要什么礼物呀？”爸爸在听筒一边问道。

“我想要一个‘白雪公主’，还要一个‘狮子王’……”

“刘叶，今天不是给你买玩具了吗？”妈妈打断了刘叶的话。

“那爸爸我就要两个吧，你记得给我带回来。”刘叶撅着嘴说道。

第三天，爸爸果然给刘叶带回了“白雪公主”和“狮子王”。刘叶的玩具都快组成一个王国了。

专家分析

总要新玩具不仅仅是孩子“玩性”大

许多家长在回忆起自己童年的时候，常常会感叹自己小的时候，根本就没什么玩具，而自己的孩子所拥有的玩具真是花样繁多。其实这在一定程度上为我们揭示了孩子们与玩具相关联的一个大环境，即物质条件的优越是孩子们可以拥有诸多玩具的前提，而这个前提在很多家庭已经成立了。

孩子“喜新厌旧”在很多家长眼里是儿童“玩性”的一种体现，是件微不足道的小事。但是欲望总是从简单到沉重，到最后带给人负累的。同时，家长也要明白，孩子不停地更换玩具也体现出其意志的不稳定性。这实质上也是孩子不自立的一个缩影，一经放大，将能清楚地看到孩子性格以及素质上的某些缺陷。

孩子可以轻易地得到新玩具，往往会刺激孩子总是不停地要新玩具。说到这里，家长可能已经不难理解，是什么在中间发挥作用，使得孩子如此“喜新厌旧”了。当然，孩子不断要新玩具的原因很多，家长还是应该具体问题具体分析。

★无暇顾及孩子，造成孩子对玩具的依赖

现在的父母工作大都十分忙碌，有时候周末还要加班，当孩子提出要爸爸妈妈陪伴的时候，父母常会用“去跟你的机器人玩去”、“让熊宝宝陪你玩儿啊”等诸如此类的话来哄孩子。我们知道，两个要好的朋友之间在一起常常能待很长的时间，因为彼此之间要分享很多的事，有说不完的话。但如果对方总是默不作声，那么就会给交流造成困难，使得交谈很快

中断。玩具毕竟没有语言交流的功能，跟玩具玩实际上还是孩子在自己和自己玩儿。于是，孩子很快便会对手中的玩具失去兴趣，并渴望从新玩具身上寻找到新的乐趣。

★家长与孩子的“合作”

孩子好奇心都很强，都喜欢探究新事物。在堆积木时，看到一种新玩具他们往往就会扔掉积木去玩没见过的东西。为了迎合孩子，一些父母抱着开发孩子智力的目的经常买来新玩具吸引孩子，从而使孩子养成了喜新厌旧的习性。

★给孩子提供的玩具难度不适合

有些家长希望通过一些智力游戏，让孩子边玩边开发智力，但是忽略了玩具的难度是否适合孩子的智力。昂贵的玩具未必是好玩具，同样，难度不适合的玩具再好也没有价值。操作复杂，规则多的玩具，对低龄儿童而言毫无意义。

习惯都是长时间养成的，家长应从孩子最初接触玩具的时候就注意孩子对待玩具的态度，让孩子学会自己整理玩具。当孩子真正对某件玩具产生了感情，也就不会轻易地要求买新玩具了。

教子处方

让孩子和玩具互动起来

玩具可以给孩子带来快乐，成为童年画板上的浓重的一抹，但孩子对待玩具不正确的态度却隐含着很多后患。家长不应该一味的纵容孩子，孩子要什么就买什么。当你不断地满足孩子对玩具的要求的时候，他便会开始想要拥有这个玩具以后的东西。而当孩子长大之后，现实无法总能满足他对新事物的渴望，问题就出现了。因此，家长还得让孩子从小自立，不要总是指望着从别人给予的新玩具中发现乐趣。

那家长应具体怎么做呢?

1.和其他小朋友分享玩具

心理学家指出:孩子的性格在游戏和日常生活中表现得最为明显,这也是纠正不良性格的最佳途径。让孩子把小朋友请到家里来一起玩,孩子平时不在意的玩具,也许在别的小朋友眼里就是“宝贝”,看到别人玩得开心,或者玩出了新花样,孩子可能会发现旧玩具的新价值。同时,和小朋友一起玩,孩子不觉得孤单,也会减少对玩具的依赖,家长也要多和孩子玩,使孩子觉得生活丰富充实,不再过多地依赖玩具。

2.让孩子明白节俭的道理

孩子总要新的玩具,会给家庭带来本不必要的支出。家长可以通过讲故事的方式,让孩子明白还有很多和他一样大的小朋友,他们根本连一件玩具有没有。让孩子在比较之中意识到自己的行为是不对的。当他从观念上有所意识的时候,便会开始懂得克制自己对新玩具的渴求。

3.培养孩子的动手能力

培养孩子的动手能力可以使孩子在与玩具接触的过程中不断地发现新的乐趣,把旧玩具玩出新花样。这样,孩子便不会轻易地丢掉旧玩具。

很多幼儿园会为小朋友开设手工课,家长可要求孩子将自己的“作品”带回来。另外孩子在与玩具玩耍的过程中,家长应抽出时间来陪孩子,告诉孩子玩玩具会有哪些花样,让孩子自己动手来装扮自己的玩具。当孩子对玩具“付出心血”之后,自然也就懂得珍惜自己的“劳动成果”了。

玩具本身是没有思想,也无法与人沟通的,但当孩子通过自己的想象力与玩具互动起来的时候,玩具就会成为他的好朋友。这样孩子就不会轻易地“抛弃朋友”了。

13

懒惰：长这么大从没自己洗过衣服

家长倾诉

白雪十分爱干净，尤其爱穿白色的衣服。但这都得归功于她勤快的妈妈，因为白雪从没自己洗过衣服。

周末的时候，白雪又提醒妈妈：“妈妈，你快帮我洗衣服吧，我明天还要穿，再不洗明天就干不了了！”

白雪说完好一会儿都听不到妈妈回应，便去卧室找妈妈。一看妈妈正躺在床上。

“妈妈，你怎么了？”

“妈妈有点不舒服，要不你学着洗衣服吧，妈妈教你。”妈妈对白雪说。

“我不洗！”白雪马上回答道。

“那你帮妈妈拖下地板吧，待会儿有个阿姨要来看妈妈。家里这么乱不太好。”妈妈又说。

“我不会，等妈妈病好了自己拖吧。”白雪说。

“那妈妈以后也不帮你洗衣服了。”妈妈故意说。

“那我拿给奶奶，让奶奶帮我洗。”白雪马上又说。

这下妈妈不知道说什么了。

专家分析

懒惰包括行为上的懒惰和思想上的懒惰

人人都有惰性，谁都不愿意整日劳碌奔波，孩子更是如此。但是，父母应该明白，后天的环境对孩子品质的塑造发挥着至关重要的作用。所谓“少年成天性，习惯成自然”讲的就是从小养成的生活习惯对人的影响。因此，人就有勤快和懒惰之分。有的人总是很勤快，他们能在自己的奔走之中体会到快乐，“惰性”所能发挥的效力就少得可怜了。

自立，从最浅显的字面意思来理解也能知道它一种不依赖他人、凭借自己力量拼搏的品质，试问一个懒惰的人如何做到这一点？从事例中我们也可以看出，小白外在的懒惰实际上是他内心依赖性的显现。

懒惰分为行为上的懒惰和思想上的懒惰，以下从两个方面来分析：

★行为上的懒惰

有调查表明：中国城市小学生每日做家务的时间几乎是全世界各城市最低的。美国孩子日均劳动时间为1.2小时，而中国孩子日均劳动时间不足12分钟。不要说干家务活，懒惰成性的孩子就连自己的事，诸如收拾房间、整理书包等都懒得去做，恨不得父母时刻在身边为他服务。这些都属于行为上的懒惰。

其实儿童的心理是与“惰性”有违的，因为孩子的好奇心理总是很重，他们愿意去尝试映入自己视野的新鲜事物，也愿意变换自己的角色去体验新鲜的过程。但家长出于爱护的心理，总是害怕孩子会不小心伤害到自己，便把一切本该让孩子自己动手的事情都包办了。

比如，孩子要自己穿衣，显得有些笨拙，家长就嫌孩子动作太慢，或看不惯，于是便三下两下帮孩子穿好；孩子要学大人的样去洗碗，便会得到“放下放下，别捣乱了，等你大一点了再洗……这个样子会把袖口弄湿的”或者是“这些都不用你做，把成绩提上去才是你最应该做的”等容易挫伤孩子积极性的答复。

事物之间都是相互牵扯的，家长做得多，孩子自然就做得少了。久之，当孩子已经习惯了“衣来伸手，饭来张口”，再埋怨孩子“生性懒惰”似乎就不太合适了。

★思想上的懒惰

思想上的懒惰表现在对待问题态度浮躁，稍微遇到点儿难题就求助于别人，甚至让别人代自己完成。

思想上的懒惰对孩子智力的开发，创造力的发掘都是不利的。没有一个科学家的成果是坐享其成得来的，他们都是从思考点滴小事开始，才有了重大的科研成果。当然，我们并不指望每个孩子都成为像爱因斯坦、牛顿那样的大科学家，但是我们让孩子明白：思维上的懒惰是迈向成功的大敌，一个不会自己思考的人也必然无法自立。 一般来说，孩子不愿思考有两个方面的原因。一方面，对于孩子来说，思考还是一件很费神的事情。因此，如果没有正确的方法引导，使他们在思考的过程中享受乐趣，他们自然会把思考看成一件乏味的事情。另外，我们经常[illegible]例子：当孩子问家长一些问题的时候，部分家长往往会说“等你长[illegible]明白了”、“小孩子不要问那么多”之类的话来敷衍孩子。这样在无形中孩子探索欲望的火苗就被浇熄了，孩子自然不会再思考下去。

教子处方

让孩子找到勤劳的乐趣

有这样一位妈妈，她正在擦桌子，儿子就在一边看着妈妈。这时电话响了，妈妈去接电话。这时，儿子拿起抹布，模仿妈妈的样子擦起了桌子。妈妈回来一看，十分开心，对儿子说：“儿子，你这么小就知道帮妈妈分担家务，真是个听话的好孩子！”听到妈妈夸奖自己，儿子高兴极了，干得越来越起劲。

从这个场景中，我们可以看出，孩子并不是天生懒惰的。其实，家长只要给孩子适当的鼓励，让孩子从劳动或思考中体会到乐趣，就不怕孩子会因为懒惰而无法成才。

以下是为家长提供的几点建议：

1.激发孩子劳动的兴趣

这一点主要是针对孩子思想上的懒惰而言的，比方说家长可以装作不明白问孩子一个在他能力范围内的问题。当孩子告诉你答案的时候，要对孩子说：“宝贝真棒！你要好好学习，妈妈（爸爸）还有很多问题要慢慢向你请教呢！”这样一来，孩子就会觉得自己所学的东西会给自己带来成就感，并逐步对学习产生浓厚的兴趣。

同时，当孩子遇到问题来请教家长的时候，不要直截了当地告诉孩子答案，而最好为孩子指引一个思维的方向，让孩子自己慢慢摸索，让孩子自己动脑筋。当他自己开动脑筋，最后找到答案的时候，那种欣喜和满足是靠别人给予答案所无法比拟的。

2.和孩子一起快乐劳动

家长应尽可能地多抽出一些时间，和孩子一起劳动。在轻松愉悦的氛围中，劳动对于孩子来说就不再意味着单调和乏味了。比如家长可以和孩子展开“竞争”，比谁做得好，赛谁做得快，从而调动孩子的劳动热情。如给盆花除草、松土、施肥、浇水、修剪枝叶等。可以和孩子约定看看一星期或一周之后谁的盆花最漂亮。

另外，家长还得注意，自己最好不要太勤快。让自己变得足够“懒”，才能留给孩子足够的空间去发挥他的积极性。像是日常的孩子力所能及的事，一定要让他独立完成。养成习惯之后，孩子就不会觉得繁琐枯燥，而是会把这些事当成生活的一部分了。

当然，孩子懒惰陋习的形成绝非一日之寒，想让懒孩子变得勤快也绝非下一时之功就可以的了。在这个转变的过程中，家长们必须得有足够的耐心。

14

虚荣：长大了我要当明星

家长倾诉

菲菲最爱跟别人说：“长大了我要当明星！”

这天晚上，菲菲和妈妈一起在沙发上看电视，是一个歌伴舞的节目。

“妈妈，我长大了，也想唱歌演节目。”菲菲对妈妈说。

“为什么呢？”妈妈问菲菲。

“叔叔阿姨们都说我长得漂亮，像小明星，那我长大了不就成了大明星了嘛！”菲菲说得眉飞色舞。

“那你想唱歌，还是想跳舞啊？”妈妈又问。

“当然是唱歌了，唱歌别人都知道是谁，跳舞好多人，都分不清谁是谁。”菲菲说。

“菲菲，你这样想就不对了，每个人将来都会有自己的职业，只要把自己该做的事情做好了，别人都会尊重你的。”妈妈语重心长地对菲菲说。

“我不嘛，我就要当明星，穿漂亮的裙子，在舞台上唱歌！”菲菲丝毫不理会妈妈的话，又自顾自地开始“欣赏”节目了，好像站在台上就跟自个儿似的。

专家分析

对尊重的扭曲理解是导致虚荣心的主要原因

每个人，包括孩子都渴望受到尊重，被别人重视，但是在选择如何去赢得别人关注的途径上，每个人都有属于自己的态度与方法。有的人认为，只要自己谦逊、勤恳，并有所作为自然会为人所关注，这是一种正确积极的态度。而有的人则是一味地排除周围自认为有碍于自己体面的因素，比如有的孩子因为家长的工作是卖菜或者修鞋的，便拒绝他们参加自己的家长会。这样的孩子不从自身角度出发，而是企图通过外界的光环来令自己生辉，这显然是不成熟、不自立的一种表现。

心理学认为，虚荣心是以不正当的方式保护自尊的一种心理状态。它是为了获得他人的尊重、关注、钦佩、羡慕、崇拜而表现出来的一种不恰当的社会情感。适当的虚荣心可以激发孩子努力的劲头，但前提是要有正确的态度。我们可以先来分析一下有可能使孩子的态度偏离正轨的原因：

★受“攀比”风的影响

在前面提到，“攀比”的不良风气，已经浸染了不少孩子的心灵。他们比吃，比穿，“攀比”就好像是激流一般，使孩子的心田慢慢失去防护能力。他们千方百计地求助于家长来满足自己的求胜心，实际也就是虚荣心。当家长无法满足他们的时候，便会产生各种各样的幻想。整日沉溺于幻想之中的孩子，在学习上也必然表现为懈怠和兴趣缺失。

★与懒惰有关

有的孩子很聪明，很有能力，也很想取得好成绩，但就是不愿付出努力，不肯用功读书学习。这种孩子往往抱着侥幸心理，要么希望天上掉馅饼，刚好砸到自己头上；要么动用旁门左道，不择手段地去追求表面的荣耀。

★受他人虚荣心的影响

我们可以对比不同生活条件下的孩子，一般家庭优越的孩子虚荣心更强。为什么呢？欲望是人固有的本质，富裕的爸爸妈妈有可能本身也存在着优越的心理，并通过让孩子穿名牌、吃海鲜来满足自己的虚荣心。而孩子的欲望沟壑也在这一过程中越来越深，他们总想成为最受瞩目的一个。这样，虚荣心只会越来越膨胀。而生活条件较差的孩子也有自己的需求，但对于一样东西渴求很久又偶然得到的话，他们更多的是怀揣着珍惜的感情来对待手中所拥有的东西。这样便能让欲望停留在一个合适的位置，而不至于演化成过分的虚荣心。

另外，在学校里，老师为了班级在比赛中获得好成绩，总是派出个别尖子代表集体“上阵”夺魁。家长、教师在不经意间已经将自己的虚荣心转嫁给了孩子，在给孩子罩上光环的同时也在暗示孩子怎样让师长为自己感到骄傲，怎样去满足成人的虚荣心。

无论是大的环境，还是小的事情，如果不注意都会滋生孩子的虚荣心。让孩子正确地对待别人的夸奖，以及尊重的含义才能从根本戒掉孩子过分的虚荣。

教子处方

将孩子的虚荣心控制在适度的范围内

过分虚荣不仅会伤害他人，还会伤害自己。这么说，虽然有一定的道理，但是未免有点儿“一棍子打死”的感觉。因为从某种程度上讲，虚荣心代表着孩子在成长过程中自我意识的增强，表明他们期待着展示出自己最美好的一面以赢得大家的认可、称赞。孩子的虚荣心大多出于单纯而强烈的不服输的心理。因此只要将孩子由虚荣心激发的情绪控制在一定范围内，它就可以起到积极的作用。

家长具体应怎么做呢？

1.把孩子的虚荣心遏制在萌芽状态

当孩子的虚荣心初露端倪的时候，总会有一些具体的表现，比如向家长索取新的文具、书包等等。家长此时应引起注意，不要立即满足孩子的要求，当然更不能对孩子严厉训斥，可以通过与孩子交流的方式引导孩子树立一个正确的物质观，比如家长可以问孩子：“老师最喜欢班上的谁啊？”、“班上学习好的那些同学，他们的文具是不是都是新的呢？”等等，这样可以让孩子明白要受到别人的尊重爱戴关键还是得看自己具体的表现，而不是谁外在最华丽，谁就受欢迎。

2.要客观地评价自己的孩子

对孩子适度的夸奖可以让孩子拥有信心，更好地调动孩子的积极性，但是如果过分夸奖，就会使孩子像事例中的菲菲一样，飘飘然不知所以。这很容易使孩子形成不切实际的生活态度。所以，父母不要过分夸奖孩子，也不要过分贬低孩子，只须给孩子适中客观的评价即可。

3.引导孩子看清虚荣背后的实质

很多孩子往往对外在华丽的东西感兴趣，因此很容易被事情的表面现象所迷惑。我们知道，现象和本质并不能完全等同起来。有些人通过勤劳致富，而有的人则通过歪门邪道牟利，虽然这两种人可能生活水平都差不多，但实质却不可混为一谈。

家长应培养孩子透过现象看本质的探究意识。比方说当孩子提出一项要求之后，家长可以与孩子“谈条件”，如让孩子分担一些力所能及的家务等，并要求孩子不能敷衍而是认真完成。当孩子体会到稍许的不易时，再通过讲故事等方式让孩子明白，其实很多人都是通过自己的努力，克服了许多困难之后才拥有自己渴望的东西，仅仅有虚荣心是远远不够的。

最后，还是得提醒家长要掌握好分寸，合理引导孩子的虚荣心发挥其正面的作用。因为一个全无虚荣心的孩子也很可能就是一个不思进取的孩子。

15

不求上进：差不多就算了，第一名又不能当饭吃

家长倾诉

妈妈到学校参加王涛的家长会，回来之后心情很不好，但还是努力作出一副和悦的表情，对王涛说道：“涛涛，你对这次的成绩满意吗？”

“妈妈，上次我考37名，这次考了36名，已经有很大进步了呀！”

“那这一段时间你都努力了吗？怎么老师说你上课经常调皮捣蛋、不认真听讲呢？”

“我听讲了妈妈，能听懂的我都听了，一直到听不懂了我才不听呢！”王涛还振振有词。

“有了问题更应该认真听，课下多向老师、同学请教，怎么能越不懂越不听呢？”妈妈的语气有些严肃了。

“妈妈，你别生气，我下次肯定还进步呢！”王涛看妈妈脸色不对立马换了口气。

“你应该向学习好的同学看齐，看看人家考第一的同学是平时是怎么要求自己的。”妈妈说。

王涛低着头发呆，嘴里还嘟囔着：“差不多就算了，第一名又不能当饭吃……”

专家分析

得过且过是懒散的外在表现

争强好胜是一种正常的心理，很多孩子都有这种心理。如果家长能合理引导，使这种心理得以健康地发展将使孩子在以后激烈的竞争中占据优势。外在的力量总是通过个人的内心才能发挥作用，因此，内心的强大是一个人自立的根本要求。但是也有不少孩子对自己要求不严，凡事都持一种得过且过的心态，单单是“贪玩”、“不懂事”等字眼并不能很好地概括和解释孩子的这种态度，而采取激烈的惩罚措施逼迫孩子以高标准要求自己也是行不通的，甚至还会由于儿童特有的逆反心理而产生适得其反的作用。

每个家长都希望自己的孩子以一种严谨认真的态度对待学习。因为从孩子入学到大学毕业，学习将一直伴随着孩子成长。如果孩子能自始至终都能严格要求自己，必然能打磨出一个意志坚韧、目光高远的青年。但是对于孩子的懒散、懈怠，家长也不能过于着急，应首先了解孩子此种心态的根源在什么地方。

一般来说有以下几种原因会使得孩子持有“得过且过”的心态：

★家长过分纵容孩子

爱玩儿是孩子的天性，这一点对孩子学习的影响毋庸置疑是第一位的。有些家长教育观念不对路，整日让孩子对着书本，周末也被各种辅导班安排得满满当当。这样的孩子成绩可能优于其他人，但是这样的孩子往往性格内向，受挫能力较弱，与社会发展所需的人才并不相匹配。这是一个极端。另外一个极端就是过分纵容孩子，由着孩子的“天性”，对孩子

不做任何要求，从而使得孩子也得过且过不求上进。

儿童天性里有许多成人无法拥有的东西：丰富的想象力，奇特的创造力等等，但这些优势只有通过一定的载体才能发挥作用。其实学习就是很好的一个载体，只是有的孩子没有入门就为知识表层的灰白而吓到，转而去“探索”其他花花绿绿的世界。家长对待这样的孩子，一定要选择一个平衡的支点，并巧妙地采取一些方法引导孩子对学习和书本产生兴趣。

★孩子周围分散注意力的事物太多

即使是成年人的精力也是有限的，当他集中精力来做一件事的时候，周周的声响便无法对他构成干扰。这是由于其精力饱和，无法再承载其他的外界信息。小孩也是如此，相比于大人来说，虽然周围的事物都是些简单的事物，像是漫画、游戏等等，殊不知在孩子的瞳孔里这些已经被放大成了整个世界。因此他怎么还能允许学习来“入侵”他的快乐王国呢?

★孩子学习的方法不对路

不会学习的孩子学得苦，学得累，学得烦。经过努力到最后没有什么收获自然会觉得提不起精神，时间长了，最初的求知欲也就被磨蚀得差不多了。

一个人的具体行为纠正起来还算简单，但要想改变其观念，以及反映观念的态度却不是一件容易的事，各位家长还得一步一步来。

教子处方

有了兴趣，孩子自然就不会“得过且过”了

家长遇到孩子不爱学习的情况，通常都会很心急。一方面着急讲道

理，告诉孩子如果不好好学习就会如何如何；另一方面又想尽各种办法给孩子“开小灶儿”。家长的心情是可以理解的，但是这些都属于硬性的灌输，收效往往甚微。要让孩子主动进取，还得从培养孩子对学习的兴趣入手。人在兴趣的作用之下，总是渴望把事情做到最好，自然也就不会“得过且过”了。

家长可从以下几方面入手：

1.观察孩子的兴趣所在，以此为突破口

家长应多抽出一些时间陪伴孩子，及时发现孩子对生活中哪些方面感兴趣，发现孩子的优点，然后有针对性地采取措施。比如鼓励他参加兴趣小组，参加比赛，或是星期天带他去博物馆看一些展览等等。另外，家长还可以通过讲故事等方式告诉孩子“知识能改变命运”的道理。当孩子对学习产生兴趣，并寄希望于学习的时候，自然会为之努力。

2.让孩子体验到学习带来的快乐

孩子很在意别人对自己的评价，他往往是按照别人的评价去认识自己的。如果别人说他笨，他就会认为自己笨。一个总是失败的孩子体验不到成功的快乐，很容易对自己失去信心而不愿再付出努力。对于一个从未完成过作业的孩子，家长最好让他先做几道容易的习题，让他能轻而易举地完成，再调整作业的难度。当孩子向家长“炫耀”自己的“成就”时，要积极地响应孩子，别让孩子唱“独角戏”，然后鼓励孩子继续努力。在这样的互动中，孩子的情绪才不至于那么低落，因为他不再仅仅为了学而学，而是学了学到东西而学。学到的东西可以填充他的自尊心、自信心。这样一来，孩子还有什么理由不积极进取呢？

3.选择正确的方式来衡量孩子

有不少家长以成绩“取孩子”，孩子考试一旦不理想就认定孩子没有努力。如果经常这样就会让孩子产生逆反心理，“你说我没有学，那我索性就真的不学了”。这样的心理如果不能得到及时地纠正，会对孩子身心的健康发展有极大的影响。

另外，家长应多向老师请教，让孩子有一个正确的学习方法。好的方法常常能使孩子轻松地驾驭学习，而不会有被动的吃力感。家长最好能在孩子刚接触课本的时候，适当地为孩子规定长短适宜的学习时间，让孩子逐渐养成学习的习惯。

16

不切实际：理想就是想干什么就干什么

家长倾诉

高天和王笑是一对好朋友。周末，王笑到高天家去玩。高天的妈妈拿了很多糖果给王笑吃。

两个人一边吃糖果，一边议论着上周老师给他们开的主题班会，主题是：我的理想。

“胖子的理想太没劲儿了，居然是当兽医，给小狗小猫看病。我要当白领，妈妈说白领挣钱多，坐在办公室里，要多舒服有多舒服！”王笑说。

“白领不好，天天坐着有什么意思啊，我想当记者，拿着话筒，想问谁问题就问谁。”高天马上回应道。

“当记者也不错，我觉得当‘超级女生’最好了，有好多‘粉丝儿’！”王笑接着说。

“嗯！王笑，咱们以后可以一起开玩具店，这样可以先玩玩具！”高天提议说。

“是啊……”

两个人你一言，我一语谈得越来越起劲。

“那你们说什么是理想呢？”坐在一旁的妈妈插了一句。

“阿姨，我觉得理想就是以后的事业！”王笑说。

“妈妈，我觉得理想就是以后想干什么就干什么！”高天答道。

站在一边的妈妈一时间不知道怎么跟他们说。

专家分析

安逸的生活导致孩子理想错位或缺失

什么是理想呢？理想就是人生的奋斗目标，是对未来生活的追求，是对未来社会的向往。自立的人在踏上征程的时候就带了理想一同前行。因为理想是有光芒的，总会为人照亮前方的路途。

孩子们最富于理想，最有雄心壮志。作为父母，要爱护孩子们那天真、纯洁的向往未来的美好理想，并促使子女为了理想而努力奋斗。但前提是让孩子对理想有一个正确的认识，无论是理想的取向，还是理想的实现方式。

有一个对2000多名3至12岁之间的孩子做的关于理想的调查，结果表明：有70%以上的孩子对未来有畅想，30%左右的孩子不想以后的事，或根本不知道什么是“理想”。而在70%有理想的孩子中，几乎什么理想都有，当机器人、当公主、当老板、当明星……孩子们觉得自由最好，有钱也好。

从以上的调查显示，我们可以看出，真正对理想有正确认识的孩子并不多，那究竟是什么让孩子要么对“理想”总是处于一种“幻想”的状态，要么根本就没理想呢？

★受外界信息的影响

首先是父母的影响，这种影响表现在两个方面：一方面是父母的职业令孩子产生向往，从而没有结合自身的情况就认定了自己将来要像父母一样。孩子总会说“我长大想当总经理，像爸爸一样威风”、“我长大要去爸爸的公司上班，那里有很多的电脑”等诸如此类的话。很明显可以看出，家长对孩子的立志有着很大的影响。

另外一方面表现在家长对孩子所谓理想的安排上。在上述提到的调查中，有一个女生说：“现在我在学钢琴，人家问我长大要做什么，我就说要做朗朗那样的钢琴家，其实这都是平时妈妈说的。可我真不知道我长大想做什么，没工夫想，也懒得想。”这样的孩子只能埋首跟从家长的步伐，自然无暇来思考远方的理想是何物。

还有是社会上形形色色的事物，尤其是一些潮流性质的信息更是容易对孩子有影响。

★安逸的生活会剥夺孩子的理想

在物质更加丰富的时代，很多家长总是想为孩子提供最好的学习和生活条件。很多孩子从呱呱坠地开始，几乎每一步路都是在家长的搀扶和铺垫之下走出来的。由此，这些孩子们有可能形成了思维定式，认为一切优越条件都是他们理所当然享有的，他们的未来也都是被父母规划好了的，他们不需要考虑怎样努力便可以得到一切。就这样，生活的安逸消磨了孩子意志的棱角，于是孩子便觉得自己不需要理想了。

一名学习成绩在全班名列前茅的学生在作文中这样写道：“我觉得自己就像养鸡场里一只被剪断翅膀的肉鸡一样，因为一直被关在笼子里不愁吃喝，等到长成的时候却发现已经连走路都不会了。”生动的比喻充分表达了他渴望挣脱家长的束缚，却又无法真正摆脱这种依赖的无奈感。在这样的条件下，孩子还能生出什么理想呢？

教育专家认为，这一现象应该引起教育者和家长的深刻反思。同时，专家还表示，其实，只要家长们有心为孩子做一个好的导航手，是不怕孩子的理想会偏离航向的。

教子处方

做优秀的导航手，引导孩子树立理想

很多家长可能都曾经问过自己的孩子，长大后准备做什么，得到的答案五花八门：歌星、老师、开飞机、开公共汽车、卖电影票甚至做饭等等，家长要么笑意盈盈，要么大吃一惊，要么皱眉暗自叹息……

理想是每个孩子都挂在嘴边上的词语，但并不一定每个孩子都理解其真正内涵。但家长一定要明确，从小树立正确的理想，其价值将贯穿孩子的一生。在孩子树立理想的过程中，家长可从以下几个方面入手，做一个优秀的导航手：

1.让孩子领悟到理想的真正含义

在通往理想的路途上，沿途的风霜雨雪自然是少不了。而孩子还无法意识到这一点。家长们可以为孩子讲一些和实现理想有关的故事，让孩子渐渐产生“噢，原来理想不是我想象的那么简单”之类的想法。榜样的力量是巨大的，孩子会开始严格要求自己，并在实践中不断的修正理想的形状，对理想有真正清晰的认识。

2. 让孩子知道实现理想的途径

家长可以根据孩子嘴里说出的理想，多去问他一些“为什么”，作为最好的教育契机。比如孩子要做医生，可以先问他为什么要做医生。然后用浅显的道理告诉他做医生要具备哪些知识，还可以把一些著名医生的事迹讲给孩子听。告诉他要从小好好学习，多汲取知识，才能实现这个美好的理想。

3.不要骄纵孩子

所谓“少壮不努力，老大徒伤悲”，而许多孩子于“少壮”之时并不是不努力，而是不用努力。不少事实已经证明，家庭优越的孩子往往进取心不强，反而一些由于家境贫寒而经历坎坷的孩子，很早就会为自己立下志向，并为之奋斗。童年是播种理想的最佳时期，他们充满着对未来的美好憧憬和向往，这种理想将推动他们奋斗不息。家长一定要引导孩子，立下志向，刻苦成才。

此外，家长在对孩子进行理想教育的时候，要注意结合孩子的实际年龄来引导孩子。当孩子口中跳脱出让你听来有些滑稽的理想时，要注意保护孩子的自尊心。随着孩子年龄的增长再让孩子多接触一些哲理性的故事，循序渐进。没有人脑子里冒出来的第一个想法就会决定他的一生，因此让孩子逐步修正自己的理想，才能放射出最耀眼的光辉。

17

不懂求助：忘带橡皮就用指头擦

家长倾诉

晚上，许垚拿出作业本让妈妈帮忙检查作业。妈妈发现许垚今天的课堂作业做得很糟糕，书面很不干净，而且还有几处破洞。于是问许垚是怎么回事。

许垚说："今天忘带橡皮了，我用手指沾了唾沫擦的，一擦，作业纸就破了。"

妈妈听了皱了一下眉头说："没带橡皮你不会问同桌借吗？"

"同桌的橡皮是跟铅笔连在一起的，借来借去不方便，所以就没借。"

"那你怎么不借别的同学的用用呢？说不定有的同学有好几块橡皮呢，你平常不也带好几块橡皮吗？"

"懒得借……"

专家分析

不懂求助的孩子不能用尽所有的力量

在学习生活的过程中，每个孩子都必然会遇到一些困难，遇到一些自己不能解决的问题。在这种情况下，孩子的一个合理反应应该是寻求帮助。然而教育实践却表明，许多孩子在需要帮助时却不主动寻求帮助。为什么孩子们在遇到困难时，在意识到自己需要他人帮助时却不愿意寻求帮助?

相关方面的专家对此做了大量的研究，得出的结论也是多方面的。有的孩子认为，寻求帮助有可能使自己尽快解决问题，但也可能成为低能力的一种证明。尤其是在学习上，别人都会的问题就自己不会，问别人显得很没面子，这也是成绩越差的孩子问题越少的一大原因。另外，年龄、性别等很多方面的因素都会对孩子寻求帮助的意愿与行为产生的影响。

不懂求助的孩子不能用尽所有的力量。人人都会遇到困难，人人都需要帮助。遇到困难，力所不及仍不懂求助，只能独自苦恼，而求助他人，及时解决问题则能使局面豁然开朗。

在生活中，对于有些心怀歹意的人，我们不可不防。有一个女孩就是凭借向路人的求助，机智地应对了一次危险遭遇。

一天下午，9岁的蒙蒙放学后，独自回家，半路上忽被一中年妇女拦住，并声称是其母的好友。“你妈正忙着，让我来接你去玩，汽车就在前面停着。”她一边说，一边还急着想把蒙蒙往车上拉。蒙蒙疑惑地退后，突然机敏地甩出一句：“你认识我妈，那她叫什么名字？”妇女一时张口结舌，无言以对。蒙蒙见状立即转身向不远处的路人呼救，并跑了过去。那妇女马上慌慌张张地逃遁了。

一个小女孩和蓄谋拐骗幼童的歹徒之间，二者力量的悬殊是不言自明的。在这种情况下，小女孩若不向周围人求助，一个人即便奋力挣扎也很难逃脱歹徒的魔掌。所以，父母一定要教导孩子，遇到自己力所不及的问题和麻烦时，要学会就近求助。

在社会中，每一个人都是社会人，都要和周围的人发生联系。每一个人也都不是万能的，在遇到困难和挫折的时候，向人求助往往就可以少走很多弯路，可以少受很多损失。

教子处方

学会求助让孩子长成真正的社会人

当遭遇困难的时候，要相信，解决问题的方法有100种，向他人求助就是其中一种。父母也应该明白，帮孩子打点好一切，不如教他学会在某些时刻怎样主动向别人求助。

1. 教孩子自己去借东西

现代社会分工很细，任何人都不能“包打天下”，要成功地办成一件事，离开他人的合作，任何人都无法实现。向他人求助就是合作的一种方式，教孩子向人求助，可以先从向别人借东西开始。

有一天，杨老师请班里的小朋友帮她到储物室借一块橡皮，许多小朋友把小手举得很高，嘉嘉一边举手一边说：“老师，我去借吧”！听完嘉嘉的话，杨老师就特地请嘉嘉去借。过了一会儿，嘉嘉把一块橡皮借来了，杨老师高兴称赞他一声：“谢谢你。”嘉嘉也十分爽快地说：“不用谢。”以后，杨老师总是有意识地让一些胆小的、能力较弱的孩子帮自己到另外班上借东西，并要求谁借了东西要负责归还。这样做不仅能给孩子提供与人交往的机会，培养孩子有借有还的良好习惯，而且能教孩子学会遇到问题求助他人。

2. 熟悉自我情况，了解必备事项

家长应让孩子牢记父母的姓名、家庭和学校的地址及电话、邮政编码；懂得匪警、火警、交通事故急救等重要电话的打法；知道辖区内或学校附近的派出所（报警点）位置等。在孩子有可能独处、独行之前，更应教会他们熟记以上这些事项。家长可在家中显眼处贴上写有基本情况和事项的大纸片，以便独处的孩子在遇上危险时及时获得帮助。

3.教孩子学会正确应对陌生人

首先，学校和家长应教育孩子尽量与熟悉的同伴们在一起。凡独行时路遇陌生人搭话，必须保持必要的镇静和警觉。从多起孩子被拐案件中分析得知，犯罪分子往往从胆小、慌乱不安者下手。

其次要有意识地把尊敬他人与加强自我保护区分开来。在通常的教育中，孩子往往被要求服从和尊敬长者。因此，那些以“关心孩子”、“代为接送”、“让我进来做客”为幌子行骗的不法分子，往往容易在“乖孩子”手上得逞。针对这一情况，在对孩子进行思想品德和礼仪教育的同时，应教孩子学会明辨真伪，保持警觉，提高安全防范意识。家长可常以故事、游戏等形式，告诉孩子目前的治安现状以及犯罪分子惯用伎俩，潜移默化地教导孩子学会区别对待。

此外，家长在不得不让孩子独处家中时，应仔细叮嘱孩子：若陌生人敲门，不可随意开门，最好的办法是隔着大门告诉对方，父母正在休息，请他以后再来。另外，家长不应让孩子佩戴贵重的首饰、手表等，以免遭遇抢劫；并教导他在万一遇劫时，不要与对方争辩搏斗，而应在脱离危险后及时报警。

4.让孩子与邻里保持必要的联络

邻居之间若能加强联络，对于保证孩子的安全作用极大。一旦发生意外，如家中失火，遭遇窃贼、煤气泄漏等，孩子立即可以向邻居求助，这一点对于城市的孩子尤为重要。家长应允许孩子常去邻居家串门，或与邻居家孩子共同玩耍，增加感情交流；应让邻居知道孩子及自己家庭里的基本情况和事项，以便及时联系；对于那些经常独处的孩子，更应引导他们养成在遇见危险时马上向邻居家求助的习惯。

18

小气：这是我的东西，不给你玩

家长倾诉

珍珍过生日的时候，在外地上班的姑姑给珍珍寄回来一件十分漂亮的裙子，蕾丝边的，还有绣花，珍珍穿上像个小公主一样。

周末的时候，珍珍穿着裙子让妈妈带她出去玩。这时，小姨带着比珍珍大一岁的岚岚来串门。

“珍珍真漂亮呀！”小姨一进门就夸奖道。

珍珍听了，觉得心里很美。

“妈妈，我也想要珍珍那样的裙子。”岚岚看到珍珍的裙子那么漂亮，心里十分羡慕。

“珍珍，把你的裙子给姐姐试试吧。”妈妈对珍珍说。

“我不给！我的裙子为什么给别人穿！”珍珍撅着嘴，态度十分坚决。

岚岚一听珍珍这么厉害，觉得十分没面子，就赌气要回家。

妈妈觉得珍珍不像话，就找出跳棋和岚岚玩。没想到这时珍珍跑过去，把跳棋抢了回来：“这是我的，凭什么给别人玩！”

专家分析

孩子“自私”的本质是自保意识在起作用

小孩子之间经常相互指责，说“你真小气”，家长有时也会说孩子“自私”。其实说孩子“小气”、“自私”有些严重，因为从某种程度上来说，这是孩子的自我意识发展到一定阶段的一种表现。

自我意识是随着孩子的成长一同发展起来的。随着孩子自我意识的逐渐增强，他们就开始懂得区分自己和别人的不同了。他们能认识自己的衣服、玩具……往往单纯地认定“我即世界”，有诸如“不让别人碰属于自己的东西”等表现。这种表现是正常的，家长不能认为孩子是因为自私才这样，更不能在孩子面前说他自私。

但这种以自我为中心的意识会随着时间和经历的推移有所改观，孩子会逐渐接纳他人，减少利己行为，慢慢回转到正常的轨道上来。但也有的孩子利己心理会越来越严重，到底是什么原因呢？

★父母对孩子搞“特殊化”

家长的让步，是孩子产生利己主义的一个根源。例如：爷爷要睡觉，孙子要看电视，爷爷只能让步；女儿要吃冰淇淋，不管路多远，爸爸也得去买；儿子要妈妈在家，一哭闹，妈妈便一天不去上班了……这类事情的发生，在我们周围很常见。殊不知，正是父母的爱成了孩子的自私心滋长的“沃土”。

★孩子过于自卑

有些家长在孩子有错误时便嘲讽、鄙视，使孩子产生畏惧心理，只能封闭自己，回避与他人的来往，整日缩在自己的小圈子里。这样的孩子多

少都有些自卑心理，他们认为自己没有能力与别人竞争，因此就会十分看重手中已经拥有的东西。这样的孩子所表现出来的行为会被人定义为“自私”，其实，从本质上来说这是自我保护意识在起作用。

我们都知道，自私是一种不为众人所认可的品行。自私的往往缺少朋友，人际关系差。很多人将自立理解为一个人单枪匹马的战斗人，实则不然，大多数自立的人周围都有很多朋友。因为他们懂得与别人分享自己手中所拥有的东西，当他无助或受挫的时候，自然也会有人与他一起承担失意和痛苦。因此，自私是隐藏在我们自身内心的大敌，打败它，我们成功的阻力就会少很多。

因此，家长应在孩子的这种心理初露端倪的时候就对孩子有所引导。同时还要注意以身作则，对别人的不幸表示同情；在亲戚朋友有困难的时候伸出援手等等，都可以让孩子幼小的心灵受益。

教子处方

让孩子明白分享也是一个获得的过程

自私作为偏常人格中的不成熟行为，最好是在儿童时期及时地纠正过来，时间越长，扎根越深，对以后的影响也就越大。父母应及早地重视，并通过自己的言传身教来引导孩子。因为父母的言行是孩子最基本和最深刻的榜样。父母在平时的言行中，表现出对他人不幸的同情、困难的帮助，对社会一种热心、关心的态度，会感染孩子，使他也关心别人。

那么具体来说，家长应该怎样做呢？

1.给孩子一个平等的成长环境

要让孩子摆脱“自私”的纠缠，父母应该从自身出发，意识到过分的溺爱并不是真爱。在家庭生活中，要形成一定的“公平”环境。这无疑对防止孩子滋长“独享”意识有积极的意义。爸爸妈妈还要教育孩子既看到自己也要想到别人，知道自己与其他成员是平等的关系，自己有愿望，别人也一样有愿望，好东西应该大家分享，不能只顾自己不顾别人。

2.对孩子从小进行“分享”的启蒙教育

如孩子拿着糖果，爸爸妈妈拿着小铃铛之类的小玩具，爸爸妈妈温柔而愉快地递给孩子小铃铛，然后从他手中拿走糖果，通过这样反复地交换，孩子便学会了互惠和信任。

3.让孩子知道“自私”的人是不受欢迎的

孩子都希望得到周围人的认可、夸奖，家长可以利用这个心理特征来引导孩子。当孩子表现自私行为的时候，提醒他这样是不对的，并且告诉孩子大人都不喜欢这样的孩子。同时，当孩子愿意与他人分享，表现得很大度的时候，家长应及时给予孩子肯定，让孩子感觉那么做是很有价值的。这样一来，孩子就会慢慢地减少自私行为。次数多了，孩子的利他接受能力增强了，能自然地去关心别人了，自私也就没有发展的空间了。

4.在实践中强化孩子的分享意识

道理固然好讲，但也要让孩子真正体验到才能起到稳固意识的作用。比如，可邀请其他小朋友来家里玩，让孩子为其他小朋友分糖果、蛋糕等食物，孩子可在分食物的过程中充分地享受这一过程。因为都很多人都期待着他，当孩子分配合理的时候，要及时地给予表扬。

家长要让孩子明白，与他人分享，并不意味着失去。因为也会有人与他分享自己的东西，而且还能交到很好的朋友。分享也是一个获得的过程。

孩子懂得了分享，就提升了一大步，在迈向成功的路上就能更好地发挥主观作用了。

19

说瞎话：分不清哪句是真，哪句是假

家长倾诉

方文是个很机灵的男孩，不过爸爸妈妈发现他最近多了一个毛病，就是老爱说瞎话。

晚上回家，爸爸问方文上次语文测验的成绩出来了没有。

“我考得不错！”方文随口答道。

“考得不错是多少分啊？”妈妈又问道。

“妈妈，您忘了，我上次成绩没及格，这次考了72分，还不算进步啊！”方文神情十分得意。

爸爸妈妈一听觉得方文确实进步不少。妈妈还准备给方文做他爱吃的红烧鱼。

这时电话响了，爸爸过去接电话。原来是方文的班主任冯老师。妈妈也凑过来听，只有方文“噌”的一声溜到自己房间了。

放下电话才知道，方文考试的时候抄同学的卷子，和对方的答案一模一样。

爸爸怒气冲冲，刚要找方文算账，却已经不见了方文的踪影。

专家分析

奖励诚实比惩罚说谎更有效

没有哪个人能笃定地说自己从来都没有说过谎。在不同的年龄，说谎意味着不同的问题。但是从小培养孩子诚实的品格对孩子的成长是必须的，因为任何品质要发挥它的作用都需要有美德来导航，包括自立。

没有人是天生爱说谎的。在成长初期，儿童对现实和想象中的事物没有切实的分辨能力，有时候一些离谱的语言实际上是他们天马行空的幻想的一种体现。家长不能因此就认为孩子爱说不着边际的话，就认定孩子不诚实。好的性格都是一点一滴培养起来的，家长在孩子性格形成的过程中担负着重要的作用。

孩子每一次说谎的背后都应该有具体的原因，以及和谎言相对立的真相。说谎无非是不想面对真相，害怕真相会给自己带来麻烦。从某种程度上来说，这个问题还涉及孩子承受力的问题。由此可见，从小培养孩子诚实的品格，能使孩子从各方面受益。

那么，究竟是什么导致孩子说谎呢？

很多家长在教育孩子刻苦学习的时候，语言方式十分生硬，即很明确地告诉孩子“好好学习才是好孩子”、“考了高分，爸爸妈妈才会高兴”等诸如此类的话。在行为上的表现是孩子一旦成绩很高就给予表扬，还有物质的奖励，但如果成绩下滑，就会给孩子不好的脸色。试想，孩子愿意看到哪种结果呢？

孩子都希望被喜欢、被表扬，因此说谎很可能成为孩子迎合父母的一种选择。著名的发展心理学家皮亚杰博士发现4岁以下的孩子都把爸爸妈

妈是否高兴当作衡量自己行为对错的标准。为了不让爸爸妈妈生气，最简单的方法就是不承认自己做过的错事。

另外，很多家长在处理孩子说谎问题的时候，往往忽视了将诚实提出来，让孩子明白该如何做才是诚实。从头到尾只讲说谎如何不对，对孩子倾斜的思维无法起到扶正的作用。一些家长其实本来已经了解事实的真相，但总出于某种原因来询问孩子。家长的目的是想通过“戳穿”孩子的谎言来对孩子进行教育，但这实际上却会给孩子制造说谎的机会。

因此，家长在不了解情况的时候，不要一味地向孩子了解情况。一旦了解了情况，就该直接告诉孩子什么是对的，孩子的行为又错在哪里。要知道，奖励诚实比惩罚说谎对孩子改掉爱说谎的毛病更有效。因为逆反心理在一定时候会发挥作用，有时孩子在这种心理的作用下甘愿冒险去说谎。而顺从父母的意愿努力地朝着诚实的方向努力则是一个正向的思维，也会使孩子的性格朝着良性的方向发展。

教子处方

通过正面的鼓励引导犯错的孩子

有这样一个故事。

有一个孩子早退去网吧玩游戏了，一直玩到很晚才回家。回家之后，爸爸把儿子叫到跟前来，问了孩子几个关于游戏的问题，脸上一直都带着笑容。孩子见爸爸并没有怒容，聊的话题又是自己感兴趣的，便和爸爸兴致勃勃地说了起来。说着说着，一不小心说漏了嘴，说到自己今天玩的游戏如何有意思。当他反应过来之后，发现爸爸仍然没有责怪他。爸爸对他说：“儿子，其实爸爸知道你玩游戏了，但是爸爸不想怪你，因为爸爸小的时候也很贪玩。爸爸没有直接把你从游戏厅里带回来，是因为爸爸觉得应该尊重你，而且我也相信我的儿子知道自己错了之后会改正的，对吗？”爸爸语气很平和，孩子点了点头。从那之后，男孩再也没有利用上学的时间去玩游戏，而是在周末的时候由爸爸带着一起玩。

这位家长教育孩子的确都自己的过人之处。首先，我们要知道，孩子隐瞒了真相之后，最直接的表现往往就是很担忧、害怕，因为他们知道家长一旦了解了真相会批评，甚至惩罚他们。但这位家长却给了孩子一个意外，不是当面指责孩子的行为，而是先与孩子聊起了他感兴趣的话题，打消孩子的戒心。然后再讲道理，在讲道理的过程中也是通过正面的给予孩子鼓励和肯定的方式，而不是强调孩子说谎行为的后果有多严重。

从这个故事中，我们可以归结出教育孩子要诚实，不说谎的方法:

1.不要给孩子说谎的机会

拿上面这个故事来说，如果这位父亲在已知孩子有撒谎行为的前提下，质问孩子:“你这么晚回来去做什么了？”这就会给孩子一个说谎的提示。家长应直接指出问题或者转移话题，而不是提示孩子应该如何花费心思为自己的行为打圆场。这样一来，孩子便不会一犯错就想到要如何说谎来应对父母对其行为的质问。

2.多鼓励孩子

这里的鼓励有两方面的含义。一方面，孩子有时候说谎，是害怕别人会否定自己。家长应多鼓励孩子，让孩子树立起对自己的信心。这样他就不会因为经常担心自己的成绩，或者某种行为有问题就否定自己而说谎了。另一方面，当孩子说谎时，家长应用行动告诉孩子你是爱他的，不论他做了什么，只要他承认，你都会原谅他。

另外，不要强调孩子的谎言。当孩子已经知错时，就不应该再以“你再不能……”这样的语气来警告孩子，而最好能告诉孩子以后该怎么做。

3.做孩子的榜样

在做孩子的榜样方面，家长不应放过任何一个细节，因为孩子接受抽象的道理尚需一定的时间和经验，但具体的行为对他们的影响却是很大的。因此，家长们若想有一个诚实的孩子，就先让自己成为孩子的诚实表率吧。

另外，区别对待孩子做的错事和他的说谎行为，选择上述的方法让孩子明白谁都会犯错，但如果犯了错还要说谎只会带来更多的麻烦。同时，家长可以多给讲一些和诚实有关的故事，让诚实在孩子的心中成为一个美好的标榜。这样，孩子就会努力地朝着诚实努力了。

20

被动：做什么事都要家长提醒

家长倾诉

墨涵上小学四年级了，但自立能力很差，做什么事都要大人提醒。

这天，爸爸妈妈要同时出差三天，就把墨涵带到爷爷奶奶家，让两位老人帮忙照看三天。

爷爷奶奶不知道具体什么时候该叫墨涵起床，总想着让她多睡一会儿，一直到只差半个小时上课的时候才叫她起床。结果墨涵上学迟到了。

晚上回来墨涵一脸的不高兴，爷爷奶奶问是不是早上迟到被批评了。

“不止是这个，你们没有提醒我今天带画板，我们今天上美术课。”墨涵低着头说。

爷爷奶奶听到这话，不知道该怎么办，就给墨涵的妈妈打电话，问明天该提醒孩子什么。

没想到，妈妈说了一大串需要提醒的事情。前一天晚上书包里应该装什么、早上几点起床、早上该吃什么、穿什么衣服……

两位老人听着听着就记不住了。

专家分析

被动是孩子对外界信息的不正常反应

被动的表现是多种多样的。在日常生活中表现为，过于依赖父母的照顾，平日里动作缓慢等等；表现在学习方面，往往就是上课不积极发言、不爱动脑筋等。从某种程度上来说，后一种表现是前一种表现的果。

被动与主动相对，主动的孩子对待外界的信息有灵动敏感的触觉，总是以好奇的眼光打量外界的新鲜事物并善于尝试、敢于创新。无论做什么事，动作都十分利索。有的家长可能陷入了这样的误区，觉得主动的孩子太过莽撞，不沉着，反而认为被动的孩子“有内劲儿”，一旦爆发就会发光发热。这样的家长忽视了一点，那就是孩子的被动与家长的主动是息息相关的。

孩子不主动，并不是因为他们认为被动是最适合自己、最有效的方式，而是因为他们已经在长期的生活中养成了这样的习惯。他们被动的行为正是这一习惯自始至终在发挥作用的结果。被动的孩子其意识并没有发挥作用，他们总是在等待别人的安排、处理或指挥。相反，主动的孩子，尽管看起来有些莽撞，但这是对外界刺激应有的回应，是一种心理健康的体现。

我们知道，自立最基本的要求就是要通过自我意识来安排好自己的事情。因此，很明显，被动是一种不自立的表现。

孩子为什么“甘愿”被动呢？

★家庭教育形成的习惯

多数孩子都是家中的独苗，在这种特定的环境下，孩子锻炼的机会相对较少，主动做事的好习惯也就难以形成。其实儿童都有探求欲，即使是一些成年人看来很微不足道的小事，在他们眼中都有探索的价值。一些在科学或者其他领域有成就的人，在小时候也不是安分地对着书本，死抠书本上的知识就有后来的成就的。他们的父母往往都尊重他们的某些离奇行为，甚至是“破坏性”行为。而现在的家长总害怕孩子会受到伤害，于是便将他们置于“安全”的保护层之下，帮他们处理各种生活、学习上的事情等。久之，孩子这种主动的探求欲就会受到抑制，孩子慢慢地也会变得被动起来。

★孩子表达不一样的意见常遭打压

表达意见时受到过多批评的孩子往往比较被动。有的家长见不得孩子有异议，孩子一提不同的意见，就劈头盖脸的训斥孩子“你闭嘴，成绩考成这样还有理了？”“就你有理，有理……”殊不知，这样只会封住孩子的口，使孩子变得对什么都漠不关心。孩子表达不一样的意见别一味打压，而应给予一定的鼓励。这样孩子就会变得更主动。

★孩子压力过大

俗话说：“没有压力就没有动力。”但是压力过大，孩子承受不起，压力就会变成阻力。这种阻力会慢慢消磨孩子对学习的兴趣。再加上孩子对自身能力的怀疑，很容易就会有被动的表现，比如在课堂上不主动发言、不主动向老师请教问题等等。

另外，我们见到过有些学生有很严重的偏科现象。比如说对物理十分感兴趣，爱思考和物理现象有关的问题，而一提到英语就觉得索然无味，消极被动地接受英语知识。这就是说，对待事物主动与否与兴趣有着十分密切的联系。

因此，家长对待孩子的被动行为，不能仅仅停留在表面。只有找对了原因，才能找到变被动为主动的途径。

教子处方

把对孩子的爱藏起来一部分

每一位家长都爱自己的孩子，但爱的表达方式却有盲目与明智之分。很多时候，家长应该让自己“被动”起来，把对孩子的爱藏起来一部分，孩子能做的事情放手让孩子自己去做，遇到难题让孩子自己学会思考等等。这对于开发孩子的智力、培养孩子的进取精神都十分重要。

家长具体可参考以下几点：

1.帮助孩子树立一个明确的目标

成功的起点往往是一个正确的目标，这个目标会带给人无穷的力量去为之奋斗。人是以目标为导向的生物，我们是在追求目标的过程中体现生命意义的。家长应注意观察孩子的兴趣所在，多与孩子沟通，尊重他们的想法，并结合实际，让孩子自己为自己的梦想作出选择。这样一来，孩子就有了最基本的动力。

同时，告诉孩子，要靠自己去实现梦想，否则梦想只能沦为空谈。注意在鼓励孩子的同时表达对孩子的期望，让他始终保持对梦想的热忱。

2.给孩子灌输选择的观念

很多孩子都是在“水到渠成”“车到山前必有路”等思想的影响下渐渐磨掉自己主动的意愿的。如果让孩子学会选择，让他明白不同的选择所带来的结果是不同的，他就会认识到自我的意识发挥着何种作用。然后重视自我，进而不再依赖别人对自己的提示，成为一个积极进取的孩子。

3. 多讲伟人、名人童年时的奋斗故事

榜样的力量是巨大的。很多名人、伟人都是值得合作学习的榜样。好的故事总是蕴含着深刻的道理，能让人受益匪浅。因此让孩子在听故事的同时接受熏陶未尝不是一件好事。

当然，以上这些办法都是建立在父母明智的态度之上的，即让孩子有发挥主动精神的空间。如果家长过分的溺爱，那么一切办法也就仅仅是个空壳，而不能发挥实际作用。因此，家长应让孩子从日常的小事做起，逐步培养孩子积极主动的品质。比如让他们自己洗一些单薄的衣服来明白污渍是怎样神奇地消失的等。让孩子勤于思考，带着疑问去探究往往行动更利索。我们相信，只要家长“放得开”，要培养一个主动的孩子不是多难的事。

21

适应能力差：一换地方就睡不着

家长倾诉

苗圃12岁了，因为爸爸妈妈工作的原因，搬到了另外一个城市。爸爸妈妈帮她选择了一所离家很近的学校。

晚上，早早的，妈妈就安排苗圃睡觉了。可是苗圃却怎么也睡不着。床的朝向变了，墙上的贴画也变了，就连窗户的位置也不一样了……所有的一切都很陌生。

第二天，妈妈很早就接到学校老师打来的电话。老师说苗圃莫名其妙地哭了起来，问为什么哭也不说话。

妈妈只好请假赶到学校，苗圃一看到妈妈立马就不哭了，扑到了妈妈怀里。苗圃死活要回家，妈妈只好向老师请假。

回到家，妈妈问苗圃为什么哭。苗圃说在家晚上睡不好，在学校老师的声音不如原来老师的声音好听，同学也不友好……总之是一大堆的不是。

妈妈一边安慰苗圃，一边说："那是因为你刚来，不熟悉环境。等你和老师、同学都熟了就会觉得他们好了。你不说原因总是哭，会给别人留下不好的印象的。"

"妈妈，咱们什么时候回去呀？"苗圃问。

妈妈不知道怎样回答，就随便说道：“咱们在这儿住一个月就回去了。”

后来的一个月，苗圃总是出问题。老师时不时地就拿苗圃没办法，只好给妈妈打电话。有一天苗圃问妈妈：“妈妈，一个月就要到了，咱们收拾收拾回去吧。”

妈妈实在没想到，一个月了，苗圃还没有适应新的环境。

专家分析

适应能力是实现自立的必要条件

每个人对于陌生的环境都有一个适应的过程，有些人能很容易地融入到新环境中去，但有的人则对新环境有着很重的抵触心理，需要很长时间才能逐步融入。这就是所谓的适应能力。

孩子从小所处的环境是自己的家庭，稍大一些就是学校，毕业之后要融入社会这个大环境。因此，不可避免地，每个人都要面对新的环境。好的适应能力能使人尽早地自立起来，因为在不同的环境之中不可能总有人站在你身边帮助你处理一切问题。从一个有亲人庇护的家庭环境到有同学老师的学习环境，再到充满竞争的社会环境，时间在发挥着越来越重要的作用。当你将时间花费在适应新环境的时候，那些适应能力强的人可能已经在进行具体的规划思考，先于你迈出一步了。

一个人对新环境的适应包括很多方面，比如对地理方面的适应、新的人群的适应、新的生活内容的适应等等。因此，从小、从细节处培养孩子各方面的适应能力是十分必要的。

但是，很多父母都反应自己的孩子适应能力差，环境稍有改变就有很多“症状”，像是身体的不适、情绪的反常等等，这是怎么回事呢？

★旧环境比较安逸舒适

造成孩子不同适应能力的关键并不在于多广的“见识”，因为孩子在很小的时候对外界环境的辨别力尚不完备。其差别主要在于他所处的环境对他的吸引力有多大。不少家长将孩子的房间布置地像童话王国一样，孩子在家里“衣来伸手饭来张口”，这么好的地方，孩子怎么愿意离开去接触新的环境呢?

因此，当孩子到了幼儿园，发现那里的玩具没有自己房间的好，其他小朋友不像爸爸妈妈那样迁就自己，甚至还和自己抢东西，他们自然会产生抵触心理。这种最初对新环境的感触会对孩子以后适应新环境产生很大的影响。

★心理素质差

情商作为非智力因素，在家长心目中经常被忽视。良好的心理素质包括多方面，主要是指在面对一些状况的时候能保持平静的心态，冷静应对。拥有良好心理素质的孩子往往都具备较好的适应能力。

有很多孩子把握不好从小学到初中，或者是从初中到高中的过渡期，在这段时期，表现出情绪焦虑、成绩下降等。这是由于对新的老师同学、教学方式、学习内容等的不适应而产生的负面情绪。心理素质好的孩子可以迅速地找到转变的途径，轻松地融入；稍差一些的就需要摸索一段时间，期间受到情绪的影响很容易乱了方寸。

家长应注意情商与智商并重，否则再高的智商也会受到心理素质的羁绊而无法发挥作用。

由此来看，大的生活环境和内在素质对于孩子良好适应能力的形成都发挥着关键的作用。

教子处方

让环境中的有益因素作用于孩子的心灵

适应能力是基于环境的改变所应具备的一种能力，不同的环境在培养这种能力的过程中发挥着不同的作用。那么，家长应该采取什么方法来有效地利用环境呢?

1.让孩子多到户外活动

在户外活动可以使孩子接触到环境中的各种人和事物，增加对视觉、听觉的刺激。更重要的是可接受阳光和新鲜空气，增强孩子对外界环境变化的适应能力，增强体质，提高抵抗疾病的能力。良好的身体素质对于孩子将来适应不同的环境首先打下一个生理上的基础。同时，外界信息的转换对孩子触觉的刺激在一定程度上可以锻炼孩子的胆量。

关于这一点要注意过程的循序渐进，并注意在恶性天气下做好对孩子的保护措施。

2.让孩子多与人接触

有研究表明，在小时候接触陌生面孔较多的孩子在长大之后相比从小处于闭塞环境中的孩子更具有勇气，敢于尝试新的事物。

无论在哪一种环境中，人都是最为关键的因素。当一个人面对陌生的环境时，如果能与周围的人相处得很好，那么由于疏离感所带来的消极情绪自然也就无处藏身了。而轻松愉悦的心情对于一个要适应新事物的人来说是十分重要的。

家长应注重培养孩子的表达能力，应鼓励孩子多交一些真诚的朋友，多参加集体活动等等。孩子在与人相处的过程中会逐渐地享受到乐趣，并掌握一些为人处世的小技巧，如此一来便不会过分抵触新的环境。

3.让孩子学会在新环境中寻找乐趣

孩子在接触新环境之后会在潜意识里拿所处的环境与原来的环境相比较，由于他们对所处的环境缺乏了解，一想到原来的环境有那么多吸引自己的地方，心理天平自然会严重倾斜。针对这一点，家长要培养孩子善于观察发现的习惯。这样，孩子一旦接触陌生的环境，就不会一直想着原来的环境有多么好，而是寻思这里有什么更好玩儿的东西。

让孩子的好奇心一直发挥作用是让孩子学习观察思考的好途径，在日常生活中，家长对孩子不着边际的问题应给予足够的重视，并不时地鼓励孩子奇特的想法。这样当孩子因为陌生环境而感到不适的时候，家长就可以引导孩子去探寻这里有什么吸引人的东西，从而让孩子感觉到一种熟悉的生活方式，逐渐摆脱对新环境的抵触情绪。

在利用外界环境的过程中，家长应该选择环境中有益的因素让它作用于孩子的心灵，并发挥作用。此外，在初到新环境的时候，家长也应该适时抽出时间和孩子一起来熟悉、适应。这样身边有最亲近的人，孩子就不会感觉到冷清、寂寞，就能迅速地融入新的环境了。

22

骄傲：有点儿小成绩就“翘尾巴”

家长倾诉

炎炎是个很聪明的小女孩儿，学习成绩不错，钢琴弹得也好，周围人都夸奖她有灵气。

期中考试的成绩下来了，炎炎考了第三名，兴冲冲地回到家中报喜。恰好爸爸的同事在家里做客。炎炎向爸爸“报告”了这个好消息之后，同事们都啧啧称赞炎炎聪明伶俐，成绩出众，还说爸爸有福气，有这么一个让人省心的好女儿。

爸爸虽然满脸笑容，但是看到炎炎得意的样子知道炎炎又该懈怠了。他十分了解自己的女儿，有一点儿小成绩就会“翘尾巴”。

等客人都走后，炎炎向爸爸索要奖励。爸爸为了鼓励炎炎继续努力，便说道：“这样吧，等你期末考试考好了，爸爸再好好的奖励你，行吗？”

“爸爸真小气，别的同学考得比我差多了家长还奖励漂亮的新衣服穿呢。我考得这么好，爸爸都不奖励我……”炎炎说着，朝爸爸翻了个白眼。

爸爸没办法只好妥协，答应炎炎的要求。

期末考试，炎炎的成绩下降了很多。

专家分析

骄傲不是自信

家长和老师经常教育孩子要自信，因为自信的态度可以使人在逆境面前保持冷静和理智。另外，自信的人首先都是最大限度地开发自身的潜能，而不是一味地依赖别人。因此，可以说，自信是自立的一种表现，也是自立的必需。

但是，当自信在无形之中为拔高到骄傲的位置时，就会有一些负面的影响。自信，是对自己的能力有清醒认识的前提下，对自我的一种肯定。骄傲的人通常有令自己骄傲的资本，但骄傲的人常将自己囚于自我的牢笼，从而轻视别人，听不进劝告，更甚的导致自负、一意孤行，对外界的打击难以承受等等。

“谦虚使人进步，骄傲使人落后”，这句话人人都听过，包括骄傲的人。但他们却不能领会其中的道理。这是因为目空一切的人往往意识不到自身的不足，也无法接受别人善意的劝告，因而不能更上一层楼。即使别人告诉他这样的道理，他也觉得没有任何根据，完全将自己锁在了由所谓的资本建构的城堡里了。

自古至今，凡事有成就的人都保持着谦逊的良好态度，那为什么不少孩子稍有过人之处就会陷到骄傲的泥潭中而无法自拔呢?

★别人的赞美过分迎合了孩子的心理

我们知道，孩子都喜欢被老师、父母、亲戚朋友夸奖，这让他们感觉到自身的价值。仅就这种心理来说，是无可厚非的。但是过分的夸奖，会使孩子将自己置于一个高于他人的位置。当孩子用“俯视”的眼光看待别人的时候，所见的事物自然就不真实了。

家长在孩子有这种情绪的时候，应给予及时的引导。让孩子明白“人外有人，山外有山”的道理，告诉孩子不断地提升自己才是最重要的。但是家长所使用的语气、方式都应当充分考虑到孩子的自尊，不要打消孩子的积极性。

★孩子的视野狭窄

虽然孩子从小就接受“世界很大”、“宇宙是无垠的”等方面的教育，但是孩子定位的“大”、“广”本身就是非常狭隘的。一般来说，家长给了孩子多大的空间，孩子就认为世界有多大。当孩子将自己定义成了“王国”里的“国王”，高高在上就不可避免了。

针对这一点，家长应努力地拓展孩子的视野。让孩子通过阅读、旅游等方式拓展自己的视野，让孩子明白自己身旁已经习以为常的电灯、电话等不是原本就有的，而是通过智慧发明出来的。只有孩子真正明白了智慧、知识的无止境，他们才会以谦逊的态度督促自己前进。

另外，家长可适当地让孩子受一些挫折。当孩子的骄傲情绪开始动摇的时候，再进行开导，效果往往要好得多。

教子处方

面对骄傲的孩子“牵鼻子”，而不能“揪尾巴”

要控制孩子的骄傲情绪，就要让孩子明白骄傲的害处。但是，骄傲的孩子往往固执己见，难以听进别人的劝告。以下有几种方法供家长参考：

1．以积极的态度夸奖孩子

夸孩子不是为了满足大人的某种心理需要，而是为了孩子良好的思想行为的发展。有的家长因为白天忙工作，下班忙家务，在繁忙劳累的状况下，与孩子交流时表现出不耐烦的情绪，嫌他们啰嗦，就随便回应孩子几句爱听的话，以便摆脱孩子的纠缠。殊不知，这样容易将错误的言行进行肯定，造成误导；也可能对应该充分肯定的好行为表现冷漠，影响了孩子的积极性。所以，夸孩子要做到不管在什么情况下，都要仔细观察他们的表现，耐心倾听他们的讲述，并理解他们的思想活动，然后，再对应该肯定的言行进行充分地表扬。同时，也要对不正确的言行进行正面的引导和教育。

2．对孩子的骄傲置之不理

骄傲自负是如今很多孩子的通病，家长与其针尖对麦芒，不如以柔克刚化解冲突。毕竟，教育孩子，犹如放牛，应该是“牵鼻子”，而不能“揪尾巴”。否则，会适得其反的。

在一些具体的学习和生活问题上发生争执时，骄傲自负的孩子可能会顶撞父母。对此，父母最好竭力保持平和的心态，置之不理，关门养神了事。等到孩子有求于你时，你再适当点拨，晓以利害，并要求孩子致歉，然后和孩子握手言和结束“冷战”。

3．给孩子制造挫折

对于骄傲的孩子来说，如果能偶尔挫一下他的锐气，让他品尝一下失败的滋味，未尝不是一件好事。这样，他就会意识到山外有山，强中更有强中手。比如，如果一个孩子觉得自己弹钢琴弹得很好，并因此而骄傲的话，家长可在吃饭的时候随意地提及某个小朋友钢琴谈得如何出色，让孩子有一种“危机”意识。如果孩子不相信，可让孩子“领教”一番，让孩子晓得自己并不是最棒的。同时也应该让孩子明白与自身比赛的重要性，有能力不断超越自我的人才是优秀的。

当然，在他沮丧和自我怀疑的时候，应该给他鼓励，否则又会陷入另一个极端，变得自卑起来。

4.给孩子讲与骄傲相关的故事

既然孩子不接受别人对自己骄傲的规劝，那么可以借助故事里的主人公来让孩子明白骄傲是一种不好的心态。比如说有这样一个故事：

小白马很骄傲，认为自己长得十分俊俏，谁也不放在眼里。

一群小鸡在路边觅食。“让开！丑东西！”小白马不耐烦地说。

小胖猪迎面走了过来，小白马一脚把小胖猪踢到路边去了。

小黄狗在草地上啃骨头。“滚开！我要睡觉！”小白马昂着头踢了他一脚。

小白马昂着头到处闲逛，前面有个大泥坑，他都没看见，结果摔倒在大泥坑里了。

小鸡们经过这里，看到小白马困在泥坑里，就唧唧喳喳地去喊朋友们来帮忙。

小黄狗、小山羊、小胖猪、小黄牛都赶来帮忙。

小白马在大家的帮助下，好不容易爬出了泥坑。小动物们都欢呼起来。

从那儿以后，小白马再也不骄傲了，总是和其他小伙伴愉快地玩耍。

家长讲完这个故事，可以问问自己的孩子，小白马一开始那样对待其他的小动物对不对？小白马为什么后来不骄傲了呢？

这样的引导可以使孩子明白傲慢地对待别人是不对的，只有平等真诚地与他人相处才能赢得尊重。

家长在平时应冷静客观地对待孩子的优缺点。当孩子刚开始有骄傲情绪时也不应立马给孩子泼冷水，而应进行正确的引导。唯有让孩子认识到自身的不足和骄傲带来的负面影响，他才会主动地进取，并始终保持谦逊的态度。

23

不守信：嘴上说得好听，就是做不到

家长倾诉

莹莹的妈妈要出差几天。临走前，妈妈对莹莹说：“莹莹，等妈妈回来你能把这本小册子上的单词都背给妈妈听吗？”

“我要是背完的话，妈妈给我什么奖励呢？”莹莹问妈妈。

“妈妈给你买电子词典好吗？”妈妈答道。

“那你现在给我买电子词典，我回来背给你听，行吗？”莹莹接着给妈妈讲条件。

“那你说话算话吗？”

“我一定做到！有了电子词典我肯定能学好！”莹莹胸有成竹地说。

妈妈就带着莹莹去买了她盼望已久的电子词典。

一周之后妈妈回来了，提问莹莹单词，一个都回答不上来，妈妈有些生气。莹莹却说自己每天都有很多作业，根本没有时间背单词。

妈妈也不知道该怎么批评莹莹。

专家分析

让孩子明白守信是一种美德

“诚实守信”是检验人才的一项重要品质。不少企业将它作为经营的信条，家长老师也经常教育孩子要诚实守信。

诚实，是指人们忠实于事实的面貌，不在某种目的的驱使下，以虚构假象的方式向别人作扭曲的陈述。我们都听过“狼来了”的故事，故事里放羊的孩子是典型的不诚实的孩子。另外还有一些孩子，有了过错之后，编造理由来搪塞自己的过错也是不诚实的表现。

守信，指的是将自己口头或以其他形式向别人作出的承诺付诸于实践。当作出承诺的人无法兑现承诺时便是不守信了。有些孩子，比如事例中的莹莹一心想吃到蛋糕，并没有对自己的承诺进行认真的思考，更别说兑现了。也有的孩子考试没考好，为了免于受罚便承诺下次一定考好，当不受惩罚的目的达到时，他自然又把自己的话抛到九霄云外了。大部分孩子出于一时的目的对家长信誓旦旦地做出了某些承诺，到最后也只能流于口头上的言语。

因此，不诚实和不守信作为不负责任的两种表现，两者是有区别的。因此当孩子失信于你的时候，不要认定孩子就是在说谎，要具体问题具体分析。

那么孩子语言和行为的两面性是怎么形成的呢?

孩子的两面行为不是天生的，是由后天的某种需要引起的。比如，小时候有一次孩子不舒服，家长知道了，买了孩子爱吃的蛋糕、巧克力；又有一次，孩子考了高分，家长高兴又给孩子买了好吃的。孩子觉得很好吃，而平常又吃不到。于是，他为了吃到蛋糕、巧克力，在自己没有生病，考试又没有取得好成绩的情况下，只好选择两种途径：说谎说自己身体不舒服，或向家长承诺考试的高分以满足胃口的享受。

因此，家长应及时满足孩子合理的精神需要、物质需要，不要让孩子通过“承诺”的方式来自我寻找途径。

孩子的口头承诺往往都没有太多复杂的目的，但是良好的品质都是点滴培养出来的，因此，要使孩子成为一个守信的人，还得从小教育孩子学会对自己的话负责。有很多关于守信的典故，像是“曾子杀猪”之类的小故事，平日可以让孩子多接触。家长要让孩子明白守信是一种美德，作出承诺之前要慎重思考，一旦作出承诺就一定要尽力践行。

教子处方

家长不能“糊弄”孩子

有调查显示：80%以上的父母认为自己能坚守对孩子的诺言，但与此相反的是有超过95%的孩子认为父母常常不能履行对自己的承诺。

有不少家长为了鼓励孩子好好学习，常常许诺带孩子出去旅行，但当孩子真的取得了好的成绩，家长却总有种种原因来推脱对孩子的承诺，或者以其他的物质来进行所谓的补偿，实质上也是背离了最初的承诺。这种行为和孩子承诺高分来获得礼物的行为并无多大区别。只是孩子的心往往都十分单纯，在最初的时候对父母总是十分信任，一旦父母失信，孩子的意识不可避免要受到冲击，再加上小孩子都善于模仿，因此便开始失信于父母。“身教重于言教”，家长必须以身作则，为孩子树立一个榜样。

在此基础，家长也应该选择适当的方法来对待孩子的失信行为：

1.具体问题具体分析

当孩子有失信行为的时候，家长应分析孩子失信的原因。是对承诺的不负责任，还是孩子确实能力有限，在已经尽力的前提仍然没有完成。如果是后者的话，应及时鼓励孩子，让孩子感到自己的付出并没有白费。

如果孩子是处于某种目的，随口作出的承诺，应分析孩子的需求是否合理。如果是合理的，家长应与孩子沟通，告诉孩子其实不需要通过这样的方式。如果孩子的要求不合理，家长就不能过分地迁就孩子，此时就应该采取适度、合理的惩罚措施。著名作家冰心曾用用肥皂洗嘴的办法惩罚孩子说谎。我们可以创造一些有效的措施，如朗诵一个讲诚实的故事，抄写一段论诚实的名人名言，写一篇讨论诚实问题的日记或文章，取消一次外出游玩的安排等。

2.与孩子“谈条件”

很多孩子以向家长承诺提高学习成绩来换取自己想要的礼物。此时，家长也可以和孩子“谈条件”，问问孩子如果他不能兑现的话应该怎么办。家长首先满足孩子的要求，如果孩子到时无法兑现，就应严格按照“合约”办事。让孩子知道糊弄不是多么妥帖的办法，唯有真正把成绩搞上去了才不怕家长的“条件”。

3.让孩子说出承诺的初衷

家长在面临孩子失信问题的时候，应该让孩子大胆地说出自己为什么要作这样的承诺。因为通过与孩子的交流，家长可能发现隐藏在孩子心中的许多其他的想法。当孩子对家长有了百分之百的信任之后，便会把自己心中的所想所求都告诉家长，而不是选择以“承诺”的方式来实现自己的所需。

最后，记得不要给孩子“贴标签”，比如说孩子就是“放羊的孩子”等。这样给孩子定位很容易造成孩子破罐子破摔的心理，孩子会认为“反正我已经是不诚实的孩子了，再说一次谎话，再做一次不守信用的事情也没关系”。相信孩子，让孩子看到你对他的期待，不给孩子说谎的机会，孩子才能有信心和勇气改掉总是失信于人的毛病。

24

很难对付：怎么批评都不当回事儿

家长倾诉

汪洋是个很让人头疼的孩子，在学校里经常调皮捣蛋。

老师批评的时候，也不顶嘴，低着头一副“大彻大悟”的样子，老师一转身就冲老师的背影做鬼脸，下次错误照样犯。

这天，汪洋又闯祸了，放学后和同学小飞打架，抓伤了小飞的手臂。

回家之后，汪洋跟什么也没有发生一样拿起放在茶几上的苹果就吃。没留意到爸爸妈妈坐在沙发上，表情很严肃。

“你跟小飞打架了？”爸爸上来就问。

“啊！”汪洋口气还很随意。

爸爸一看汪洋一点认错的意思都没有，火更大了，眼看着就要“抄家伙”了。

妈妈拦住爸爸，把汪洋叫到身边说：“汪洋，你都这么大了，怎么这么不懂事，你看把人家小飞弄的。”

汪洋低着头不说话。

妈妈又说了一大堆道理。

爸爸也是好听的、不好听的都说了一通，最后问汪洋：“知道错了吗？”

汪洋点了点头。

没过两天，老师又打电话给汪洋的妈妈，说汪洋又在学校捣蛋，把毛毛虫放到了女同学的帽子里……

专家分析

教育不当会使孩子的自尊感逐渐消退

自尊是包括孩子在内的每一个人的心理需要，健全的自尊感能使人奋发、进取，坚定地去追求成功。同时，一个自尊心受到伤害，甚至失去自尊心的人，往往行为漂浮，没有坚定的意志，甚至缺乏责任感。因此，缺乏自尊心也会对孩子自立能力的健全发展产生影响。自尊心就如同种子一般随着孩子的成长在孩子心灵的土壤之中生根发芽，但如果保护不当，很容易使幼苗夭折，使孩子的心灵失去保护层。

有很多家长用“脸皮厚”、“难对付”之类的字眼来指责孩子，其实每个孩子都站在自己的心理防线之后守卫着自己的自尊，当外界的“攻击”过分强烈的时候，孩子就只能放弃了。因此，家长的教育方式对于孩子自尊心的培养十分重要。

那么，哪些不恰当的方式会伤害孩子的自尊心，使其逐渐消退呢？

★家长对孩子存在某些偏见

一方面表现在有些父母重男轻女，当然这种现象现在已经是少数了。被忽视的孩子其自尊心的建立已经有了情感上的欠缺，因此很容易产生自卑的潜意识。当自卑感占据主要位置的时候，自尊心自然无法发挥作用让孩子以积极乐观的心态去面对生活。

另一方面，有的家长将自己的喜好附加于孩子身上。比如家长希望孩

子拥有锦绣的学业，有的家长希望孩子能成为出色的钢琴师等。孩子无法达成父母的心愿，父母的压力就会使得孩子渐渐产生自卑感，感叹自己不如别人。自尊心渐渐就会隐没在强烈的自卑感之中。

★孩子的逆反心理在起作用

当孩子自尊心受到伤害的时候，家长如果能及时给予孩子温暖的呵护，鼓励孩子通过自己的努力重塑信心，完全可以帮孩子重建自尊。但如果家长没有抓住这样的时机，让孩子的逆反心理占了上风，孩子便很可能偏离正常的重塑轨道，走向“破罐子破摔”的境地。

孩子有这样的心理之后，往往不会对外人给予自己的评价有太大的反应。不仅仅是听到批评会漫不经心，即使是听到表扬，也不会有多大的喜悦。因为这样的孩子实际上在心底已经否定了自己，即不拿自己当回事儿了。这样一来，他人对自己的评价也就无法在心目中构成影响。

因此，家长应十分注重教育孩子的方式，尤其是一些脾气不好的家长更应该学会尊重孩子。即使孩子有错误，也要选择适度、恰当的解决方式。

教子处方

精心呵护孩子的自尊心

每一个孩子在迈向成功成才的路上，都需要具备很多优秀的品质，比如意志、耐力等等。这些品质是在不断地经历挫折、从逆境中挣脱的过程中逐步培养起来的。但自尊心不一样，儿童时期是塑造自尊心的关键时期。就如同刚从萌芽的幼苗一样，孩子的自尊心需要家长给予和风细雨的呵护。又因为自尊心与自信、意志等品质有着密切的关系，因此，家长一定要给予足够的重视。

自尊与生活中的欢乐和成功密切相关，但它出自何处呢？许多人认为，自尊是无法预测的，它是慈爱的父母精心照料而产生下意识的副产品。有关方面的专家发现，某些方法在抚养孩子的过程中将有效呵护孩子的自尊。

家长在教育孩子的过程中应注意以下几点：

1.选择恰当的方式表达对孩子的爱

父母对待孩子的态度有两个极端。一个是过分溺爱，这样会让孩子觉得无论他怎么做，父母都一样爱自己，不会责备自己。这样的孩子无法在头脑中建立起自尊的意识，更不会在行为上严格要求自己。这样无论外力如何作用，都无法通过孩子的内心发挥作用。

另外一个极端就是家长对孩子要求过高，总是对孩子不满意。这样，孩子的自尊心就会在父母的责难中逐渐隐匿，甚至荡然无存。

因此，家长的心态需建立在一个平衡的支点上，在教育孩子时，要注意把关心爱护和严格要求结合起来，做到爱而不溺，严而不厉。即选择恰当的方式让孩子既认识到自己行为或观念中的不妥，同时也保全孩子的自尊心。心理治疗家归结为：善于发现孩子做得对的地方。根据这方法可以对孩子说，“妈妈很愿看到你铺的床，我真希望你的书桌也能同样整洁”。

2.让孩子认识到自我价值

有很多孩子在积极提出自己想法的时候，家长会觉得太过幼稚而不予理睬。时间长了，他会因为无法通过外界的载体来体现自我价值而灰心，致使自尊心受挫。

因此家长应认真对待孩子的话语，并注意观察孩子的独特之处。同时可根据孩子性格中的亮点或兴趣的偏好引导孩子充分发挥自我的潜能。这样，孩子会因为自我价值的充分体现而增进自尊自信。

3.让孩子在平等之中感受到尊重

有些家长总认为孩子的想法不切实际，甚至幼稚可笑，便摆出一副高高在上的样子，使用“你想明白还早着呢”之类的言辞与孩子对话。这种对话不是平等的交流，而是一种永远高居于孩子之上单行道的交流方式。不能对孩子以诚恳平等的态度，不尊重孩子的成长，无疑对孩子的自尊心是一个极大的打击。

因此，家长要学会与孩子面对面地交流，与孩子“争辩”，让孩子在探索与实践中提高自信力和自尊感。

强烈的自尊感可以激发孩子去学习、去爱、去创造，家长也都希望孩子努力地去学习、去爱、去创造。因此一定要选择恰当的教育方式，精心呵护孩子柔弱的自尊心，让它随着孩子的成长而加固成坚实的城墙，保护孩子学习、爱和创造的能力。

25

随大流：什么都跟着别人学

家长倾诉

晚上在饭桌上，彬彬向爸爸提出想要一身球衣，说自己加入学校的足球队了。

“不是有球衣吗？”爸爸问道。

“我们新加入的队员都有新球衣了，就我没有，原来那套都旧了……”彬彬嘟囔了一堆。爸爸拗不过他，答应给他买一套新的球衣。

过了没两天，彬彬又央求妈妈带他去旅行：“妈妈，我最好的几个朋友这周末都跟着家人出去玩儿，你也带我出去玩儿，咱们去爬山吧，听他们说爬山特带劲儿……”

“别人不去，你也没想着去；别人要去，你也要去。老跟别人学有什么意思啊？”妈妈对彬彬说。

“你不带我去，我就自己去！”彬彬开始犟嘴了……

专家分析

个性培养的前提是十足的自信

有的人时常埋怨孩子爱攀比，别人有什么自己也要有什么，其实这种“随大流”的心态与攀比的心态是有所区别的。攀比是好强心在作怪，这种孩子的典型心态就是“总要比别人强”。而“随大流”是缺乏个性与主见的性格体现，他并不指望着成为最受瞩目、最耀眼的那一个，而是希望自己能与所处的人群保持步调一致，不至于被落下。这种孩子对事物的认识、辨别能力都处于弱势。同时，自我能动性也因为外界信息的干扰而无法充分发挥作用，总是处于被引导的被动地位。这种性格必然对自立能力的发展有阻碍作用。

家长们都苦恼自己的话对孩子的影响甚微，孩子的目光总是牢牢地盯着周遭的同龄人。其实想要和别人一样的心理在孩子当中是普遍存在的。随着年龄的增长，孩子的这种心态将会慢慢改变。当他们的自我意识逐渐成熟的时候，便不会让他人太过轻易地影响自己，而是有鉴别性地吸收。不过，这种心理持续的时间应有一定的限度，否则将会影响孩子的个性发展。

同时，家长应注意的是，有些孩子为了随大流去做他们根本不想做的事情，这样随大流就会有负面的作用。这种心理劣势很可能给孩子的安全带来威胁。因此，家长要弄清楚孩子为什么要在某件事上随大流。一般孩子随大流可能出于以下几种心理：

★赢得别人的认同

这种心理并不独特，家长们也可以想想，同事朋友的认同对自己来说也是十分重要的。拿事例中的彬彬来说，他出于这样的考虑：我的好朋友都有了新球衣，我的球衣旧了，和他们站在一起是不是会很不协调？我的好朋友都去玩儿了，回来之后当他们兴冲冲地聊起自己的游玩经历时，我的沉默是不是会很不协调？之后，彬彬暗暗作了肯定的回答，即我不能与我的朋友“步调一致”了，很自然便向父母提出了要求。

针对这种心理，家长应首先考虑孩子的要求是否合理，如果是合理的，应及时地满足孩子。如果孩子仅出于随同他人，应让孩子明白友谊的维系不是靠外在的因素，而是内心的互动与交流。

★对自己的不自信

有时候在课堂经常有这样的现象：老师出题让学生做，并指出谁先做完了就举手。细心的老师会观察到有些学生其实已经做完了，但因为怕自己做错了不敢举手。当老师主动点名让这样的学生回答问题，却发现他们做得很好。

这是不自信的孩子在学习上的一种表现。在日常的生活中，他们通常会留意他人的一些小细节，并暗暗模仿。

个性培养的前提是十足的自信。恩格斯说：“人的个性是世界上最美的花朵。”有个性的孩子往往富有创造力、敏锐的洞察力，因此家长在孩子随大流的年龄阶段一定要注意适时地引导。

教子处方

给孩子的自主意识插上翅膀

有的家庭喜欢安静而有序的生活，对孩子的吵闹极为厌烦，小男孩稍稍顽皮吵闹就会遭到训斥，对小女孩更是要求文静听话。殊不知，这样的环境对于塑造孩子的个性是十分不利的。缺乏个性的孩子大都性情软弱，这对孩子以后的自立发展必然有阻碍作用。因此，家长首先应具有培养孩子个性的意识。

具体来说，家长应注意从以下几个方面入手，让孩子从随大流的圈子中跳脱出来：

1.从孩子的兴趣出发，培养孩子的自信

有的孩子见同学报了什么特长班，就要求家长也给自己报同样的班。实则并非自己真实的意愿，没有兴趣的驱使很容易半途而废。因此，家长应注意观察孩子在某些方面表现出来的特长，可以培养孩子在这一方面的兴趣。比如有的孩子反应机敏、逻辑性好，可以让孩子接触围棋。当孩子通过与别人比赛并在成功中收获了成就感便会对围棋产生浓厚的兴趣。

一门特长可以让一个孩子拥有自信的资本，拥有了自信孩子就不会盲目地否定自己，而跟随别人的脚步了。

2.让孩子学会发现自己的与众不同

有这样一个故事：有个小女孩觉得自己长得又矮又胖，很是自卑，于是总害怕别人会嘲笑自己，性格越来越孤僻。她问妈妈：“妈妈，为什么我没有任何吸引人的地方呢？”妈妈一听，恍然发现自己的女儿已经处在了深度的自卑中，便对女儿说：“你先笑一个给妈妈看，妈妈再告诉你答案。”妈妈让女儿放松身心，想象着身边有很多朋友，大家一起嬉戏玩耍……女儿沉浸在美好的幻想之中，露出了甜美的笑容。妈妈说：“宝贝，你的笑容就很吸引人。很少有人能有这样能打动人的笑容。”从此，女孩打开心扉迎接阳光，迎接朋友的关怀，成长为一个开朗自信的女孩。

这个故事其实传达了一个简单的道理：所谓过人之处并不是外在的华丽，而是内在的一种情愫。孩子的善良、孩子的真诚、孩子的同情心等等都可以成为他的过人之处。好的品质在任何人的身上都会熠熠生辉。

“尊重个性、弘扬个性”一直是教育改革中的一个核心问题。这种教育理念的实现虽不是一朝一夕就能实现的，但家长应努力地给孩子创造个性发展的条件，给孩子的主见意识插上翅膀。

26

得理不饶人：怎么哄都不肯原谅别人

家长倾诉

星期天，妈妈要带依依去姑妈家做客，依依特意穿上了妈妈上周刚给买的新裙子。

表哥姚朔十分顽皮，在家里转来转去。姑妈让他安生会儿，姚朔怎么也不听，拉着依依非要到里屋去玩儿。

妈妈正在和姑妈说话，忽然听到两个人吵了起来，跑过去一看，原来是姚朔把画画的颜料粘到了依依的裙子上。

“我不是故意的……”姚朔低着头说。

“你就是故意的，你就是故意的……妈妈，他是故意用颜料粘我的，让他赔我的裙子……”依依嚷嚷着就哭了。

“姑妈给你做好吃的行吗？回头一定批评姚朔啊，别哭了……”姑妈见依依不依不饶，也慌了。

“我就不！要是不赔我的裙子，以后就别去我家……”依依还是得理不饶人……

专家分析

过分在意自己而缺乏对他人的宽容

现实生活中，人们常常遇到别人对不起自己或有损于自己的事情，耿耿于怀或过分计较在只会使自己的情绪长时间深陷于失落之中。能够笑一笑就过去，这就是宽容。宽容是人的一种美德，是做人的一种风度和境界。宽容能使人性情和蔼，能使心灵有回旋的余地，能使人消除许多无谓的矛盾，化干戈为玉帛。宽容的人，时时处处都会受到人们的拥戴，因此他们能够处理好各种人际关系，能够很快地适应各种不同的环境，能够融洽地与人合作，充分实现自己的潜能。

宽容心是非常珍贵的，它主要表现为对别人过错的原谅。它对于孩子性格、情感的健康发展，以及对于孩子良好人际关系的建立有着非常重要的意义。

我们说自立需要美德的导航，宽容的情怀就是人类最美好的情感之一。富有宽容心的人往往能懂得为别人着想，站在别人的角度去思考问题，不会因为偏执而被心中的怒火灼伤。也就是说，富有宽容心的人能更自如地调整自己的情绪，而不是通过伤害别人而达到宣泄的目的。因此，培养孩子的宽容心对于孩子自立能力的培养很有益处。

相反，心胸过分狭隘的人往往不懂得选择正道的渠道来疏导郁结在内心的不良情绪，这对身心的健康十分不利。

因此，家长要让孩子懂得宽容的可贵，以及这种品质所能带来的好处，并培养孩子宽广的胸怀。当然，如果孩子现在就会为了皮毛小事儿就斤斤计较、不依不饶，家长得先搞清楚隐藏在孩子狭隘情绪背后的原因是

什么。

★孩子过于任性

对任性的孩子来说，通常道理能发挥的作用是微不足道的。做了错事，别人批评两句就受不了，哭闹、顶嘴，都是这种孩子惯用的“小伎俩”。自己有错尚是如此，更别提是别人弄坏了自己的东西。

然而任性绝非孩子的天性，主要是后天因素的作用。当惯了“小皇帝”、“小公主”，脾气坏也就不奇怪了。

因此家长在为孩子的斤斤计较而不知所措的时候，也应该好好地对自己教育孩子的态度“斤斤计较”一番。

★孩子占有欲过强

一个占有欲很强的孩子，十分看重自己喜欢的东西，在他看来，自己的东西是神圣不可侵犯的。一旦别人触及了自己的东西，稍有损害，便觉得受到了莫大的侵犯。总觉得东西是自己的，而自己的东西被损害了，自然理在自己，于是便没有分寸地蛮横起来。

另外，有些孩子的活动圈子十分狭窄，一接触陌生的面孔，不自觉地就会产生抵触心理。这种心理是任性情绪的催化剂，更容易使孩子失去分寸。因此，家长应该让孩子的小圈子向外界敞开大门，但前提是要适时适度，同时家长应为孩子扮演好“把关人”的角色。当孩子在人际交往的过程中逐渐摆脱浓重的以自我为中心的意识，孩子的胸怀也会跟着宽广起来。

教子处方

让孩子学会“心理换位”

会下棋的人，可能都有这样的经验，刚学下棋时，往往仅考虑自己第一步怎样、第二步怎样，而不会考虑别人会怎样。当自己的棋艺练就到一定水平后，就会考虑我怎样，对方会怎样应对，对于对方的应对，自己应当如何一一应对。如此考虑的回合数越多，个人的水平也会越高。不光是下棋，其他的比赛也是如此，在提高自己技术的水平上还要研究战术，而研究战术的关键就是要了解对手的特点以及他可能会运用的策略。

处理生活中的问题也是如此，能够站在对方的位置思考，能够设身处地地多为对方设想，生活中的许多矛盾就都容易化解了。这就是所谓的“心理换位”。

而心胸狭隘的孩子往往是将自己囚于自我的小天地，看不到别人的存在，更别说为别人着想了。因此，让孩子学会“心理换位”是培养宽容美德的基地。

那么，有什么具体的方法呢？

1.与孩子讨论关于宽容的话题

不少孩子根本就没有宽容的意识，因此宽容教育是一个渐进的过程，它不是朝夕就可成就的事。家长应经常与孩子谈论人与人之间的不同和理解，或者给孩子讲与宽容有关的故事，让孩子在潜意识里对宽容形成概念，进而用行动来诠释对宽容的理解。

2.让孩子多与同伴交往

宽容之心是在交往活动中培养起来的。在与不同性情的人交往的过程，孩子会逐渐发现每个人都有这样或那样的缺点，都会犯或大或小的错误，而只有学会容忍别人的缺点和错误，才能与人正常交往，友好相处。当孩子有了过失，事后得到别人的宽容时，他会由衷地感受到宽容的意义，体验到宽容带来的欢乐，并以随和善意的心态来对待别人无意的过失。

有些家长总是限制孩子的交友圈，让孩子只与学习出众的孩子交往，杜绝孩子与成绩差些的孩子交往。实质上，这种想法在无形之中向孩子灌输了一种“差别”的思想。父母应特别注意引导孩子宽容比自己强的同伴、比自己“差”的同伴和自己的竞争对手。让孩子不嫉妒比自己强的同伴，不嘲弄比自己“差”的同伴，不故意为难自己的竞争对手。让孩子向好同伴学习，帮助“差”同伴，学会与竞争对手合作。

3.及时纠正孩子不宽容的言语和行为

当孩子有不宽容的言语和行为的时候，家长不能通过“哄”的方式来平复孩子情绪的不平。适当的严厉批评会让孩子意识到自己的行为是不受欢迎的，这样他就不会无所顾忌地重复自己的任性。

培养一个心胸宽广，善解人意的孩子是对父母的一个挑战，因此家长需要有耐心，更重要的是不能在孩子面前表现出狭隘的情绪，否则会给孩子带来负面的影响。

27

“马大哈”：做事总是丢三落四

家长倾诉

云鹏上小学五年级了。

一天早上，云鹏早早起了床，开始洗脸刷牙。因为今天学校组织了郊外活动，要提前集合。妈妈提前给云鹏做好了盒饭，放在书包旁边。

云鹏生怕迟到，匆匆吃了几口饭，抓起书包就冲了出去。

过了不到十分钟，突然门铃响了。爸爸妈妈很意外大早上谁来串门，开门一看是跑得气喘吁吁的云鹏。

“妈……妈，我……我……的饭呢？”云鹏喘着粗气说。

“就放你书包旁边了，你没装呀？”妈妈说着赶紧回屋给云鹏取饭盒。

云鹏接过饭又赶紧转身跑了。

这次又没过十分钟，门铃又响了。妈妈赶紧开门，寻思着着是不是云鹏又忘记带什么东西。一开门果然是云鹏，这回，云鹏喘着粗气，脸上还淌着汗。

爸爸叫云鹏慢慢说，别着急。

“妈妈，昨天晚上我带回来的班旗呢？”云鹏好半天才说出来。

“你不是挂在你房间的门后面了吗？”刚说完，爸爸就已经把班旗给取了过来。

“行了，我送你过去吧，想想还有没有落下别的东西？”爸爸提醒说。

“应该没有了……”云鹏想了想说。

到傍晚的时候，天下起了雨。妈妈担心昨天给云鹏准备的伞他有没有带，于是连忙到云鹏的房间看。果然，雨伞正好端端地躺在床头。

专家分析

“马大哈”的背后是不良生活习惯在作怪

家长经常会发现孩子丢三落四。比如经常忘记某一科的笔记记在了哪个笔记本上，考试之前找不到准考证，晚上回家忘记白天的作业，忘带书、作业等等。如果孩子在心智发育方面没有障碍，脑生理上也无缺陷，这样的问题大多数都属于习惯问题。

自立的表现之一就是合理地安排自己的生活内容，使之井然有序。显然，一个经常丢三落四的孩子是无法做到这一点的。孩子既不是故意的，自己也不希望被人称作“马大哈”，那究竟是什么造成了孩子丢三落四的行为呢？

★家长的长期“包办”

家长所提供的温床是孩子很多问题的滋生地。想想看，一个从小很少不动手动脑的孩子，某一天让他独立地负责自己的吃饭、上学问题，恐怕他就只能饿肚子，书本也是放得乱七八糟了。

家长们都觉得自己给孩子安排了十分合理且有规律的生活内容，但却忽略了孩子在执行这些内容的时候完全没有发挥主体的意识。以至于孩子本该逐渐成熟的自理能力却渐渐地沉睡于父母提供的温床之中了。当习惯

形成之后，家长再渴望看到一个既勤快想事情又周到的孩子，恐怕就没那么容易了。

★对丢失的东西持弃之不惜的态度

现在的物质条件越来越好，丢了红领巾、橡皮、作业本等家长多数不在乎，即便丢的是一件衣服也不觉得是什么大事。家长的态度让孩子觉得丢东西无所谓，反正可以再买，渐渐变得经常丢东西。在这种情况下，孩子往往不懂得珍惜，不懂节约，行为上表现为不能管好自己的东西。

家长的这种态度一方面对于孩子养成良好的生活习惯起到了负面作用，同时也助长了孩子不负责任的心态。

★孩子视觉水平的下降

有专家曾对经常丢三落四的孩子进行测试、评估，结果发现，这些孩子的智商并不低，但他们的学习能力发展得却不均衡。他们往往听觉能力相当优秀，而视觉水平明显不足，所以在视觉的注意、记忆、速度等方面表现不佳。

分析认为，这与孩子的居住环境、生活内容有很大关系。现在绝大多数家庭是独生子女，居住在高楼大厦，邻里交往少，学生学业重，缺少游戏伙伴。加之家长的百般呵护，孩子动手机会少，从小接受听、说方面的训练较多，而运动的机会也相对较少，从而造成视觉运动能力不足，导致丢三落四现象的出现。

由以上的原因分析，我们可以看出，“马大哈”的心态和行为都不是一天两天形成的，而是时间与有缺陷的生活内容合力形成的生活习惯所致。因此家长应及早让孩子着手打理自己的生活，并给予指导，让孩子拥有真正良好的生活习惯。

教子处方

从细节做起，严格要求孩子

孩子从小就“马大哈”，表现在具体的后果上可能并不是十分严重，但是如果到了关键时刻，一丝一毫的疏忽都可能会带来致命的后果。因此，从小培养孩子认真严谨，严格要求自己的态度是十分必要的。

那么，家长具体该怎么做呢？

1.对孩子的行为提出郑重的要求

有些家长觉得自己有义务教育孩子安排好自己的事情，但总是以一种提醒的语气来说，到最后孩子把事情弄得一团糟，最多叹口气，也舍不得批评。这样是起不到任何作用的，家长应该十分郑重地对孩子提出要求，并提前告诉孩子，如果自己的事情安排得没有条理，将会有什么样的惩罚。

家长可以选择从小事做起，比如要求孩子前一天晚上把书包收拾好等，从易到难，循序渐进。这样才能逐步培养起孩子的独立性、责任心和认真态度。

2. 有意识地训练孩子的记忆能力

在孩子小的时候，从日常生活中微小细节上培养孩子的注意力和记忆力。比如全家人要出去游玩，提前告诉孩子应该准备什么东西。出门之前，让孩子帮忙检查还缺少什么，如果孩子说出来缺少的物品，及时给予孩子表扬。如果孩子想不起来，可以对孩子进行适当的提示。

3.从细节培养孩子规律的生活

有些孩子被动地接受父母的安排，一旦自己处理问题会显得十分慌乱。因此，家长应及时与孩子协商，询问孩子在什么时间想做什么。如果孩子的要求合理的话，让孩子自己做一个详细的安排。

另外，还可以让孩子把老师每天留的作业都记在一个固定的本子上，每天晚上都检查一遍书包。还可以在门后贴一张小纸条，上面写上每天需要额外携带的东西，出门前再进行对照检查等等。

一开始的时候，这些细节可能会有些繁琐。不过，当孩子的习惯一旦形成，他就会有谨慎的意识，即使没有外在的提醒，他也会在头脑中反复提醒自己，不要因为疏忽而造成麻烦。

4. 让孩子因为自己粗心大意而吃些苦头

这是“自然后果教育法”的运用。比如当孩子丢掉一件东西后，不要立即给他买一件新的，可以要求孩子帮助家里干家务活挣零花钱，积攒起来去买这件东西，或是出一部分钱。让他们体验到东西来之不易，他下次就会变得小心了。

另外，有些孩子粗心是因为视觉振动问题、手眼不协调问题等等，造成孩子学习能力障碍，这些问题需要专门的心理训练来解决。但这种现象是少数，家长在排除此种可能之后就要让孩子自己动手动脑，在实践中锻炼自己处理事物的能力。唯有如此，才能让孩子远离“马大哈”的称谓。

28

嫉妒：看不得别人比自己做得好

家长倾诉

语文课上，老师表扬文轩的作文写得好，并当众宣读点评。

大家都鼓掌，并向文轩投去羡慕的眼光。身为语文课代表的余杭心里却很不是滋味："我是语文课代表，而他的作文总比我好，弄得我真没面子。"

更令余杭觉得没面子的是，老师又把文轩的作文贴到教室后边的"学习园地"了。学习园地里已经有4篇文轩的作文了，而余杭的只有3篇。

放学时，余杭看着学习园地里文轩的作文，越看越觉得扎眼，于是趁大家不注意，悄悄把文轩的作文撕掉了……

专家分析

嫉妒心理会使孩子行为"出格"

科学家经过研究表明，嫉妒属于人的本性之一，在婴儿时期，嫉妒就已经在人的心里产生了。孩子成长的世界是复杂多样的，在天真的思维带给孩子无限遐想的同时，也有"嫉妒"心理所起到的负面作用。

孩子的嫉妒行为是多种多样的，大约从1岁半到2岁起，他们的嫉妒心理就开始有了明显而具体的表现。起初，孩子的嫉妒大多与母亲有关。如果自己的母亲将注意力转移到别的孩子身上时，孩子就会以攻击的形式对别的孩子发泄嫉妒。还有就是与事例中的表现类似的，即无法忍受别人对身边人的认同程度超过自己等。

有些家长没有意识到孩子的这种行为是嫉妒心理在起作用，而是当成“孩子气”的任性表现。实则没有那么简单，如果这种情绪没有得到及时的疏导或纠正，任其发展，孩子的行为难免会“出格”。从事例中我们也可以看出在嫉妒心理作用下的行为往往具有攻击性和破坏性。

嫉妒心理是怎样产生的呢?

从心理学的角度讲，嫉妒是人在交往过程中，发现自己在才能、名誉、地位、待遇等方面不如别人，进而产生的失落、羞愧、愤怒、怨恨等组成的复杂的情绪状态，是一种正常的心理发展现象。然而，这种心理现象亟须关注、疏导——尤其是在孩子的成长过程中。一旦失去控制，任嫉妒心理泛滥，孩子就会形成不良性格。甚至会因嫉妒心理的过度膨胀酿成恶性事件的发生。

另外，需要特别指出，孩子的嫉妒心理与成人的有明显的不同。主要表现在孩子缺乏控制情绪的能力。成年人有了嫉妒情绪一般不会很直接地在行为上表现出来，也不会将郁结的情绪发泄于嫉妒的对象身上，而是尽量地在理智作用下选择恰当的方式疏导。孩子往往就直率多了，在他们的意识里尚未形成对情绪的清晰分辨，会直接受情绪支配做出反应。这也是孩子的嫉妒行为之所以具有外露性、破坏性和攻击性的原因所在。

嫉妒的心理，人皆有之，只是也要讲究一个度。嫉妒心过重的孩子，自我调控的能力相对会差些，因此，这也是不自立在情绪上的体现。

家长应该多关注孩子的情绪和心理，让孩子树立正确的竞争观念，并选择恰当的方式帮助孩子及时疏导不良的情绪。

教子处方

让孩子正视差异，努力完善自己

纠正孩子的嫉妒心理并非一件易事，因为如果处理不当的话，很可能会伤害到孩子的自尊心，结果只能适得其反。

因此，家长要针对孩子产生嫉妒心理的具体原因采取相应的对策：

1.为孩子营造宽松惬意的生活环境

有些父母在家里常常议论成人之间的互相猜疑，互相轻视，或当着孩子面议论、贬低别人，这会在无形中影响孩子的心理。此外，有的家长常对自己的孩子说他在什么方面不如别的孩子，使孩子以为家长喜欢别的小朋友而不爱自己，由不服气而产生嫉妒。这是由于不恰当的“激励”措施对孩子造成的不良影响。

因此，家长应努力地为孩子营造一个宽松惬意的生活环境，让孩子在和谐的氛围中维系心理的平衡。家长要激励孩子进步，应该培养孩子“和自己赛跑”的意识，而不是总拿孩子与别人比较。因此如果选择后者的话，孩子将自我价值的实现途径放在外界载体之上，因他人喜而悲，因他人悲而喜，这显然不是一种正常的心理。

2.让孩子明白“尺有所短，寸有所长”的道理

有些孩子能力较强，但在某些方面不如别人。一般而言，在各方面都比较“弱”的孩子往往比较“安分”，可以说是已经习惯了自己的“弱者”身份，即使得不到表扬和没有表现的机会都无所谓；但能力较强的孩子则认为自己理应得到重视和关注，一旦心愿没有被契合，便会对别的有能力的孩子产生嫉妒。

如果家长们发现自己的孩子过分苛求“完美”，就要告诉他“尺有所

短，寸有所长”的道理，让孩子明白不可能有人在哪一方面都是佼佼者。告诉孩子有些大科学家往往五音不全，但人们不会因他不会唱歌就否定它在科学上的伟大成就，让孩子学会以淡定平和的心态对待其他能力突出的人。这样才能保持快乐的心境，同时也使自己不断进步。

3.无论批评还是表扬都要给孩子留面子

我们来看一个故事：

老师为了提高学生的写作能力，要求学生每天写一篇200字左右的小短文，写得好的就会得到老师批注的“优”。航航很想得到“优”，于是每天都很认真地写，但是一周过去了，他还没有得到“优”字。

一天下午放学，班里的同学都回家了，负责值日的航航看着那些被老师当作范文的笔记本，心里产生了一种强烈的嫉妒心理，便把那些笔记本悄悄地撕掉了一些，还把老师的红色钢笔也揣到了自己口袋里。

这件事情后来被航航的爸爸发现了，爸爸毫不犹豫地给了他一顿暴打，然后又把这事反映到老师那里，要求老师关注航航的品行。但航航的老师没有在全班过多宣扬这件事，只是对学生们解释说，因为老师不小心作业本掉到水里不能用了。然后在班里点名表扬了几个写作文有进步的同学，并且解释说：这些同学的作业最近都有一定进步，只是进步的比较慢一些，所以没有得到奖赏，希望这些同学继续努力。这些被表扬的孩子里，就有航航的名字。从那以后，航航更加认真地写作文，写作能力有了很大提高。而且他变得更加热爱班集体，为班级做了许多的好事。很显然，这位老师很好地保护了孩子的尊严，同时也纠正了航航的嫉妒心理。

这个故事告诉我们，不同的态度和方式会对作用对象产生截然不同的效力。表扬孩子要适度，批评孩子也要留有余地。否则，既无法纠正孩子的嫉妒心，说不定还会搭上孩子的自尊心。

最后要提醒家长多对孩子进行谦逊美德的教育，将孩子的嫉妒心理转化成一种恰当的竞争意识，这样就会发挥起正面作用，使孩子的能力不断提高。

29

缺乏创新意识：付出很多却不见成效

家长倾诉

勤勤学习很刻苦，但成绩总是很不理想。

这天，勤勤放学回家后，脸色很不好。

“勤勤，怎么了，是不是和同学闹别扭了？”爸爸问。

“爸爸，我这次又没有考好……”勤勤声音很低。

“没关系，能告诉爸爸为什么没考好吗？题太难了，还是紧张没发挥好呀？”爸爸温和地说。

“都不是，时间不够用了，我没写完……”勤勤停了一下又说，“那些题我其实都会做。”

“能把卷子给爸爸看看吗？”爸爸说。

勤勤把卷子拿出来给爸爸。爸爸一看，勤勤的卷子写得密密麻麻。过了一会儿，爸爸说：“勤勤，我发现你做题的方法都是一样的，其实有更简单的方法。知道吗？”

勤勤摇摇头说：“我只会这一种方法……”爸爸说：“其实有更简单的方法，你为什么不去尝试一下呢？”

勤勤摇摇头说：“我习惯用这种方法，怕用新方法会浪费时间……”

“你老用一种方法，又没有成效不是更浪费时间吗？这类题用简便方

法三分钟就能做完一道，这样算来你就能提前20分钟把试卷做完，不信你试试……”

专家分析

不要成为孩子的“拐杖”或“遥控器”

随着科技的进步和社会的发展，人才的竞争已经达到了一个前所未有的激烈程度。而一个人的创造力，即创新性思维的运用越来越成为企业所看重的素质。因为在未来的社会中，一些体力劳动将由机械或机器人代替，一些记忆性的脑力劳动将由电脑代替，而人的主要优势就体现在创造之上。

同时，创造性人才拥有创造性思维，能够打破常规，具有敏锐的洞察力、质疑能力、辨识能力、善于思考和探索的能力。多方面的优势使得具有创造力的人比和他同时起跑的对手要提前冲过终点线。因此，家长应从小培养孩子的创造力，为孩子未来的成功打下基础。

要培养孩子的创造力，不能要求孩子循规蹈矩，每天只是面对着书本，更不能以单一的学习成绩给孩子“贴标签”。而是要鼓励学生在遵守常规的基础上，养成一些富有个性的思维习惯。切忌以培养良好习惯为名捆绑孩子的言行，不许这样，不许那样，只会扼制孩子的创造性。

拿事例中的勤勤来看，她的目标是取得好的成绩，但被一个固定的目标锁住之后，她没有思考达到目标的途径是否是最恰当、最省时省力的。她的解题思维已经模式化，即每看到一道题，思维就会朝着同一个方向靠拢。由此来看，缺乏创造力的孩子在学习以及处理其他问题上停留在一个慢半拍的状态之中。而高效率是一个自立的人应该对自己的能力提出的基本要求，否则便很可能会碌碌无为，无法进步。

那么，究竟是什么抹杀了孩子的创造力呢？并非每个人天生就具有高水平的创造力，这种能力也是在后天因素的作用之下慢慢形成的。而孩子的好奇心就是创造力的源头。教育方式不当，某些家长无意识地对孩子好奇心的压制是导致孩子创造力缺乏的主要原因。

这种教育方式的不当体现在哪些方面呢？

先来看一个正面的教育例子：

一天，小光和几个小伙伴在家里玩，妈妈给他们每人一盒牛奶。孩子们喝完后，都把空盒子扔到了垃圾桶里，而小光却一直盯着空盒子，若有所思的样子。小朋友们走后，他很兴奋地对妈妈说：“妈妈，你看这个盒子像不像一只船？

“怎么像一只船呢？”妈妈问小光。

“如果把盒子剪去一半，再糊上纸不就成了一只船吗？”小光天真地对妈妈说。

“好啊，那你先去把盒子洗干净了，咱们来一起做船好不好？”妈妈很高兴地说道。

一会儿，小光把盒子洗干净了，妈妈给他拿来剪刀和胶水，坐在小光旁边，看着小光做船。小光做得很认真。一会儿工夫，一只很简陋但也像模像样的船就做成了。

妈妈夸奖小光既聪明又用心，小光的内心也充盈着喜悦和成就感。妈妈还鼓励小光说：“在平常的生活中只要多动脑筋，发挥自己的想象力和创造力，每一件物品都可以通过灵巧的双手变成工艺品。”

故事中妈妈的教育方式无疑是成功的。但想必都很多家长看到孩子摆弄牛奶盒的时候，都会呵斥孩子：“脏死了，快扔掉！”这种语气显然直接地挫伤了孩子的积极性，当孩子再有什么新奇的想法时便不敢轻易尝试了。因此，对待孩子萌发的新念头，家长要积极地配合孩子进行实践，并及时地表达对孩子的赏识。这样才能使孩子天真的好奇心向着成熟的创造力转化。

另外，还有不少家长习惯代替孩子“思考”，告诉孩子如何做事，并严格要求孩子沿着自己设定的轨迹行为处事。这无疑是对孩子行为以及思维的禁锢，因此家长应尊重孩子自主发展的权力。在孩子成长的过程中，起到一个引导的作用，而不是成为孩子的“拐杖”或“遥控器”。

教子处方

让孩子逐渐树立求变求精的观念

每位家长都希望自己的孩子能在将来的社会中大展拳脚，成就一番事业，这就需要家长重视创造力的培养，以下是几点建议：

1.营造民主的家庭气氛

要发展孩子的创造能力，就要为其提供一个可表现创造性并能使之正常发展的家庭环境。所以，家长要充分信任孩子，民主、平等地对待孩子，遇事要启发、引导他自己去想、去做，并允许他提出与父母不同的意见。只由在这样的环境中，孩子的好奇心才能发挥作用。

2.扩展孩子的知识面

良好的创造力总是建立在丰富的知识基础上的。因此，家长应该为孩子尽可能地提供书籍，提供向社会、向自然学习的机会。这是扩充孩子知识，提高其创造力的根本办法。

另外，家长让孩子养成多做笔记的习惯，因为有益的经验总是可以在关键的时刻发挥作用。

3.教给孩子创造的技能

创新表现在在原有的基础上所做的发挥和改动，创新的技能也是多种多样的。

比如教孩子去“改一改”、“换一换”。现在的孩子对电脑已经不陌生了，可以告诉孩子原来的计算机要好几个房间才能放下，启发孩子“人们为什么要改变计算机的形状和大小？”、“小型计算机由什么好处呢？”等。让孩子逐渐树立求变求精的观念，进而引导自己的行为。

此外，家长应注意在培养孩子创造力的过程要遵循由易到难的原则，否则孩子的积极性可能会因为无法实现自己的想法而受挫。

社会在变革，知识在更新，新的时代要求我们把孩子培养成思维最灵敏、判断最准确、主意最巧妙的智者。只有这样我们的孩子长大才能成为灵活自如地适应时代、促进时代发展的人。因此，家长是时候对孩子的创造力给予充分的重视了。

30

态度不端正：我聪明，所以不用努力

家长倾诉

晨晨放学后，和同学跑到游戏厅玩起了游戏，直到天色暗了才回家。

回去之后发现爸爸妈妈正在焦急地等待，眼看着就要出去找了。

“你干吗去了？和你说过多少次了，放学要尽快回家！”爸爸有些生气了。

“我和同学去玩游戏了！以后我回来晚些你们也不用担心。”晨晨满不在乎地说。

“什么？你玩游戏？那多分心呀！”妈妈紧接着说。

晨晨一边往外掏着今天发的考试卷子一边说：“爸爸妈妈，你们别担心，我聪明，不用努力学也能考高分，你们看，我考了96分！”

爸爸妈妈看看分数确实是96分，脸色也不像刚才那么差了，可转念一想孩子的学习态度不由得又开始担忧了……

专家分析

赏识孩子的努力而不是聪明

我们不能否认“天赋”的存在，有些人确实从小就表现出对某一种技能超强的领悟力。但是我们更应该明白后天的努力才是一个人能否成功的决定因素。“天才是百分之一的灵感加百分之九十九的汗水”是对这个道理的很好诠释。

有些孩子沉醉于自己“天赋”，并认为只要依靠“天赋”便能不费吹灰之力地领先于人。于是在对待学习以及其他事情上的态度上便出现了偏差，具体的表现为懈怠、自负、不踏实等等。一个真正成功的人绝不仅仅是通过“天赋”就轻易成就事业的，而往往是一步一个脚印地通过自己的智慧和双手争取得到的。因此，一个人的态度正确与否决定着他与成功的方向是同向还是背离。

聪明的孩子有很多，不少孩子既聪明又勤奋，因此聪明与懈怠不是直接的因果关系。那么是什么让某些有“天赋”的孩子过分放大了自己的资本?

★家长过分赏识孩子的“小聪明”

很多时候，大人之间聊起自己孩子的时候，常常会说：“我那孩子真是太淘气了，聪明是聪明就是不爱学习，真是拿他没有办法！”仅从言辞上来看似乎是对自己的孩子十分不满，但从语气、神态上来看无不透露着对孩子“聪明”的赏识。在这样的家长心目中，孩子的活泼机敏要比勤奋刻苦更可贵。

这样的家长经常性会使用“我的宝贝真聪明”等诸如此类的话来对孩子表示赏识。长期下去，孩子不通过任何努力就能轻易地满足自己的虚荣心，自然会对那些扎实刻苦的孩子表现出轻视。自己当然更是每日以“聪明”自居，漂浮散漫了。

★孩子的目光不够远大

一个成功的人在起步之前往往先订下了一个成功的目标。这个目标虽不在于多么高远，但它一定是在一定的高度之上，否则唾手可得的东西就不能称之为目标了。

那些态度不够端正的孩子往往很容易自我满足，老师、家长的一次表扬、某次考试的好成绩等就能很轻易使他们对自己有十足的认可，甚至懈怠。

一个有理想的孩子会把每一次的进步当成是向着理想攀登的阶梯，他们在进步的过程中不断地反省自己，充实自己，以期不断地接近自己的梦想。即使在实现了最初的梦想之后，由于持久的惯性还会对自己提出更高的要求。因此，帮助孩子找寻属于他的梦想，让梦想来鞭策孩子，他才会时刻提高警惕，不断进步。

在一个学校或者班级，通常有两种学生是最受老师喜爱的：一种是非常聪明又非常努力，从来都不因为自己的聪明而骄傲自满的；另一种是不算聪明却非常努力，从来都不为自己的不聪明而自卑的。由此可见，努力的孩子到哪里都是受欢迎的。家长一定懂得去赏识孩子努力，而不是一味地夸大孩子的小聪明，否则很容易助长孩子浮躁的情绪。

教子处方

“用功”不是“笨”的代名词

想纠正孩子的态度，还得先改变孩子的意识。因此设法让孩子明白勤奋的可贵之处是关键之处。家长们应怎么做呢？

1.让孩子正确认识天赋

有这么一个故事：古时候，有个叫仲永的人。五岁之前从未接触过笔墨，有一天突然哭闹着要这些东西。父亲对此感到惊异，从邻近人家借来给他，他当即写了四句诗，并且自己题上自己的名字。父亲十分诧异，便把诗作拿给周围的文人秀才们观看，都赞不绝口。有人指定事物叫他写诗，他能立刻完成，而且文采出众。渐渐地，乡邻们都请他的父亲去做客，有人用钱财和礼物求仲永写诗。他的父亲认为那样有利可图，每天牵着方仲永四处拜访同县的人，不让他学习。几年之后，仲永的才华全部消失殆尽，甚至连普通的诗也写不出来了。

相信，很多家长对这个叫做《伤仲永》的故事都不陌生，它传达了一个道理：任何事物都是相对的，没有一定条件的维系，便会向着另外一个方向转变。仲永本可以通过后天的继续学习成为一个有所作为的文人，但终因整日埋首于其他繁杂之事，成为了一个再普通不过的人。

家长不妨将这个故事讲给孩子，给孩子时间让他自己先领会。但对孩子进行引导，让孩子明白整日贪玩，不努力学习的话，聪明的天分也会离自己而去。

2.让孩子正确认识勤奋

聪明是一种个人资源，从大人到孩子，人们都会为自己拥有这一资源而自信和自豪。所以，孩子都愿意别人夸他聪明，却不太愿意听别人说自己用功，好像“用功”就是“笨”的意思。于是他们常常在同伴面前常常装作不怎么努力的样子，但回到家里却拼命地学，从而保证好的成绩。这样一来，很多孩子都形成一种错觉，以为聪明就是一学就会，样样都会，不需要努力就能取得成绩，所以争相效尤，导致很多孩子都不努力学习。

针对这一点家长应时常表现出对孩子努力行为的赞赏。当孩子觉得自己没有过多地用心便取得了好成绩的时候，家长应该在不伤害孩子自尊心的前提下委婉地告诉孩子，成功的喜悦程度应该是和他的努力程度成正比的。容易得到的东西往往也容易失去，鼓励孩子通过认真勤奋地努力更上一层楼。

最后，家长应该从孩子的兴趣出发，帮助孩子为自己定下一个目标。让孩子在不断进步的过程中体验到勤奋的价值。孩子会渐渐明白，努力的人永远都是受欢迎的。

31

没礼貌：从来不知道尊重别人

家长倾诉

吃过晚饭，妈妈正在收拾碗筷。这时候电话响了，妈妈让鹏鹏去接电话。是爸爸打过来，说今天加班，可能要很晚回来。

“爸爸说什么呀？”妈妈问鹏鹏。

“老头子说他晚点回来！”鹏鹏大声回答道。

“你这孩子，回来告诉你爸爸，看不打你屁股……”说着，有敲门的声音。

妈妈开门一看，是隔壁田阿姨。田阿姨是来请教妈妈如何织毛衣的。

“鹏鹏，快叫阿姨！”妈妈说。

“阿——阿——阿嚏！”调皮的鹏鹏故意做出一副打喷嚏的样子。

“臭小子！真没礼貌！”妈妈朝着鹏鹏的背上来了一巴掌。

“没关系，没关系，小孩子都调皮！”田阿姨说道。

妈妈让鹏鹏回自己房间玩儿，鹏鹏很听话地过去了。进去之后不是来回摔门，就是把玩具弄得叮当响……

专家分析

不恰当的自我意识是不礼貌行为的根源

有不少孩子在学校表现得很懂事，见老师都很有礼貌地打招呼。但一回到家就完全表现出另外一个样子，不仅对家长大呼小叫，而且对来做客的客人也没有一点儿礼貌。

从小学，更早一点从幼儿园开始，孩子们就接受思想品德的教育。而讲文明、懂礼貌更是最基本的德育标准，那为什么孩子的表现会距离文明礼貌的标准这么远呢？

★家长在孩子心中的形象构不成“权威”

孩子们之所以对老师都表现得十分“恭敬”，是因为老师对孩子来说具有一定的震慑力。因为在孩子眼里，老师决定谁被表扬、谁被批评，老师决定考试的分数等。每个孩子都想给老师留下好的印象以博得老师的喜欢，于是便听老师的话，主动地打招呼，使用礼貌用语。

但当老师淡出自己的视野，与家人相处的时候就是另外一幅景象了。现在的家长把孩子“捧”到了比自己位置还高的地步，生怕自己的行为让孩子不高兴，如此一来就形成了孩子“挑”家长，而不是家长“管”孩子的逆差现象。因此孩子不需要在乎家长对自己的看法，自己也就不会礼貌地对待家长。

★孩子的自我意识“指使”

我们分析事例中鹏鹏的心理：鹏鹏之所以会又摔门又闹动静，很明显是一种反抗情绪的表露。他之所以会这么做，一方面是想“妈妈光和客人说话，真没意思！那谁陪我玩儿啊”；另一方面鹏鹏会想“为什么我就不能在一边待着，我有什么碍事的呢”？这两种心理是“以自我为中心”的自然流露，也是很多孩子的一大特征。如此一来，在下意识的作用下便会通过各种方式表达自己的不满，以期唤起妈妈和客人的注意。这就是“吸引注目的机制”，它并不属于道德范畴的问题。

了解到孩子为什么会有很不礼貌的行为之后，我们可以看出在行为的背后有十分清晰的意识原因。如果任由这样的意识无限延展的话，所带来的影响就不仅仅是“礼貌问题”。

想想看，家长在孩子的心中毫无威严之感，就会致使孩子始终站在自己的角度考虑问题，甚至亲手为自己套上“自我”的枷锁。只想着自己的人往往责任观念十分淡薄，而没有责任感，是谈不上自立的，对亲人的责任，对社会的责任都是个人不断提升自己所必需的意识观念。因此只有让孩子学会礼貌待人，他才能明白尊重是相互，从而从“自我”的圈子里跳脱出来。

教子处方

用耐心和时间培养出礼貌的孩子

很多孩子总是以自我为中心来选择行为，而极少考虑他人。作为家长，应以恰当的方式去引导、教育孩子，让他们学会考虑别人的感受，学会礼貌待人。这对孩子的健康成长有重要意义，尤其在独生子女占绝大多数的今天。家长可从以下几个方面去尝试：

1.让孩子学会换位思考

当孩子表现出不礼貌行为时，如随便给人起绰号，在家长做正经事儿的时候瞎捣乱等等，就问问孩子“难不成你也愿意别人挑你的毛病，给你起个难听的绰号？”、“下次等你看你最喜欢的动画片的时候，爸爸妈妈就不让你看，或总说话打扰你，你愿意吗？”如果孩子继续胡闹的话，就让他真正体验一下被别人无礼相待是什么滋味。慢慢地，孩子就会学会在做一件事之前让自己角色互换，然后懂得尊重他人。

2.让孩子知道家长期待他变成什么样子

在和谐氛围中与孩子交谈，表明父母对礼貌行为的态度，以正面语言表达在以后类似的情境中希望孩子做到的是什么样子。承诺孩子如果能按要求去做的话，会得到一定的奖励，同时明确指出如果孩子没有做到的话会有什么样的后果。

注意不要指望孩子一下子变成一个讲礼貌的孩子，要注意不断地培养、纠正。同时，在教育孩子时，尤其是涉及道德观、价值观等观念问题的时候，输入的信息一定要是正确的，不能出尔反尔、前后矛盾，尤其不能言行不一。

3.尊重孩子的自我价值

这是针对一些孩子因为感觉被忽视而故意以不礼貌行为表达不满情绪而提出的。有客人来时，让孩子“到自己的房间玩儿”的做法是不妥的。家长应首先承认孩子的存在。比如，可以对孩子说：“乖孩子，给客人洗水果吃，好吗？”让他帮助做点事情。这样，孩子认为自己是有用的，会感到很满足，就会更努力地遵从父母的要求。还有，要先把孩子介绍给客人，承认其存在的价值。如果当着客人的面批评或申诉孩子不该做出令父母难堪的举止，反而中了孩子想要“引起注意”的“诡计”，产生相反的效果。

最后还是要提醒家长注意良好行为习惯的形成是需要时间和耐心的，家长千万不能心急，否则因为心急而对孩子进行批评或抱怨，反而会适得其反。

32

"乐天派"：反正天塌下来爸爸妈妈也会帮我顶着

家长倾诉

家乐正在看动画片。

看到“一只狼正在磨牙”，家乐跑过去打断做家务的妈妈说：“妈妈，大灰狼为什么老要磨牙呢？”

“因为它随时都可能会遭到其他野兽的攻击，它必须提前把牙齿磨得很锋利，否则到时候就来不及了，很可能就被别的野兽吃掉了。”妈妈解释道。

“那看来还是做人好，人不会吃人，所以什么都不用担心。”家乐若有所思地说。

“不是呀，人也需要担心很多事，比如你担心天会下雨就要带上伞呀。”妈妈说道。

“那怕什么呀，反正妈妈会帮我准备好伞的。”家乐说道。

“可是乐乐上了大学之后，妈妈就不能什么都帮你想好了，所以你要懂得考虑可能出现的麻烦，提前做好准备，知道吗？”妈妈又说道。

“不用那么麻烦，遇到大事还有爸爸呢。反正爸爸说了，天塌下来他也会帮咱们顶着的。”

一句话说得妈妈目瞪口呆。

专家分析

过于乐观是缺乏忧患意识的表现

乐观的心境能使人在危机和困境面前保持冷静，并积极地寻求出路，因此乐观的人生态度是十分可贵的。但过于乐观，认为一切都不必担心，没有什么能带给自己困扰的想法却很明显地偏离了乐观的轨道，而成为一种缺乏忧患意识的表现。

两千多年前的孟子就指出：生于忧患，死于安乐。何谓忧患？从哲学上分析，忧患意识是人们意识或认识的一种形式，是人理性追求真理的表现。具有忧患意识的人不满足于现状，或通过理性反思总结经验教训，或通过积极批评和自我批评揭露缺点错误，或从对事物的肯定中发现潜伏的矛盾，或从对现状的诊断中找出事物进一步发展的要求，目的是通过有计划的准备以期得到最满意的结果。它源于自觉的危机感、紧迫感、责任感和使命感，表现为坚强意志和奋发精神。因此，忧患意识绝不是多余的忧虑，而是与实现自立密切相关的一种观念。

那又是什么使得很多孩子都不具备忧患意识呢？答案并不难寻，正是家长给孩子建构的“童话王国”一般的世界屏蔽了真实世界的风寒雨雪。

想想看，一个个兜里总是揣着很多钱，对同学都很“大方”的孩子，如何会对贫穷、饥饿的状态产生忧患？一个个在家中被视为“小皇帝”、“小公主”，由家长帮忙解决一切问题的孩子，如何对社会上激烈的竞争产生忧患？

相比这些物质条件优越的孩子来说，那些生活在农村，甚至山区，家境贫寒的孩子往往从小就由一定的忧患意识。他们希望通过读书求学改变自己的生活状态，他们希望通过自己的努力让家人过上富裕的生活。因为害怕希望落空，便会督促自己时刻保持清醒，不断努力。

由此来看，忧患意识也并非生来就有，而是与后天的生活状态相关的。缺乏忧患意识的孩子，认识不到自己应该承担的责任，一旦陷入逆境，脆弱、恐惧等负面情绪必然会让他越陷越深。因此，家长让孩子从“温室”之中走出来，让孩子通过自己的触觉去感知真实世界的脉搏并没有他想象中那么有规律，真实世界的声音也并非总是和谐之音，也充满了杂音，甚至噪音。只有这样，孩子才能逐渐产生忧患意识，并由此培养更加健全的性格。

教子处方

教育孩子凡事想在前头，做在前头

忧患意识的缺失往往会带来意志力薄弱、应变能力差等多方面的素质问题，而要想在激烈的竞争中凸显自己，具备多种素质是必不可少的。现在的社会正处在经济转型期，竞争的激烈程度是前所未有的，因此忧患意识的培养不仅是必需的，而且还相当的紧迫。

那么，家长应如何培养孩子的忧患意识呢？

1.让孩子重视忧患意识

在我国的古代史中有许多与“忧患意识”相关的故事。“卧薪尝胆”的故事中，吴王夫差就是在安逸之中渐渐放松了警惕，觉得自己的江山已牢不可破便抛去了最初的忧患意识，从而给了勾践复国雪耻的机会。

另外，近代史中，大清王朝闭关锁国，总以地大物博、国力强盛自居，毫无忧患意识，结果被英国的侵略者用大炮轰开了紧闭的国门。而后来的国人也正是在国家败亡的忧患之中惊醒过来，从而以极大的勇气和斗志维护了祖国的尊严。

在学习的过程中，家长和老师应对孩子进行正确的引导，让孩子对忧患意识重视起来。

2.让孩子常在忧患意识驱动下进行思考，进而形成习惯

惰性是人的天性之一，如果感觉未来无忧，便觉得努力的意义不大。既然努力意义不大，倒不如安心享乐。这种承接的思维是谁都会有的。

谁都知道上网和打游戏要比学习和工作更舒服，但成年人清楚这会让自己付出失去工作甚至更大的代价。而孩子不同，顶多是被批评警告一顿，甚至连批评警告都没有，他们有什么理由就此开始忧患？

因此，家长如果不给孩子灌输危机意识，大部分孩子肯定不太愿意远离游戏世界而去努力学习。所以，从孩子很小的时候就要使用一定的手段告诉他：不努力马上就会有危机，那就是你立刻就会得不到你想要的好东西。先让他在脑子里形成这种条件反射和好的习惯。当他慢慢长大时，再不断地向他灌输努力工作、为社会为他人作贡献的意义，这样他接受起来就容易得多。

谁都不愿意看到自己的孩子将来在社会上无法自立而束手无策，所以就要从这一刻起以恰当的方式向孩子灌输一定的危机意识，让孩子不再是个由惰性支配的“乐天派”，而是逐渐地迈向成熟。

33

焦躁：遇上点儿事就坐立不安

家长倾诉

轩轩爱着急，全家人都知道。因此，家里人都很迁就她，怕她因为一丁点儿的小事就烦躁不安，甚至连饭都不吃了。

到了该吃晚饭的钟点，妈妈叫轩轩赶紧洗手吃饭。

叫了半天也没有动静，妈妈便到轩轩的房间去看看怎么回事。进入一看轩轩正趴在地上，手中拿着扫帚在床底下扫来扫去。

“轩轩，你干什么呢？”妈妈十分诧异。

“我的连环画掉在床底下了，我想弄出来！”轩轩边说边继续弄。

“哎呀，等吃晚饭，我和爸爸帮你弄行吗？”妈妈说。

轩轩一听突然急了，“噌”的一下站了起来，“干吗非得吃完饭才弄，怎么不现在弄……”越说火越大……

妈妈见轩轩急成那样，赶紧叫轩轩爸爸过来，把床往外抬了抬，把连环画拿了出来。

“啊！你看都脏成这样了……书皮还划破了……这可怎么办呀……”轩轩边跺脚边嚷嚷着，晚饭到底是没吃成。

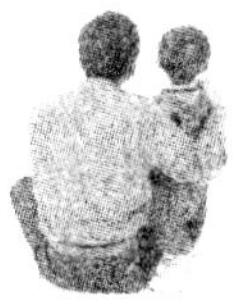

专家分析

易焦躁的孩子缺乏自我调控能力

每个人在危机时刻表现出一定的烦躁，甚至恐慌情绪是很正常的反应，但现实中不少的焦躁情绪可以说是无处不在。一件很微不足道的小事儿都会令他们焦躁不安，这种状态就不在正常的情绪范围之内了。

稳定的情绪是理智思考的前提，我们常说“冲昏了头脑”，实际上就是说不良的情绪对人的思考方式、意识成熟度等都会产生影响，进而引起行为的偏离。这样一来，情绪易焦躁的孩子就会在各方面表现出不协调，无法灵活应对各种异常情况，而家长往往出于担心会倾向于迁就孩子，并小心翼翼地维系孩子的情绪平衡支点，长久下去，必然不利于孩子的自立发展。

为什么孩子总会为一丁点儿的小事“大动肝火”呢?

★体能素质差

什么是体能？简单来讲，体能是人类从事活动所需要的身体能力。良好的体能素质对孩子的大脑、神经、骨骼、情绪，以及人格发展，都有显著的影响。有调查现实，体能素质差的孩子，表在情绪方面就会出现易焦躁、注意力不之中等种种状态，因此孩子有可能是受生理因素的牵制而时常焦躁。

因此家长应注意在大力发展孩子智力的同时，别忘了给孩子的体能发展给予足够的重视。

★不健康的思维习惯

良好的思维习惯对一个人的心智发展有很重要的作用。拿事例中的轩轩来说，如果她在面对心爱的连环画掉到了床底下的情况时，如果第一个在她脑海出现的是“我如何把我的连环画拿出来”这个问题的话，她自然就会求助于父母。而她十分焦躁地自己拿着扫帚想把连环画扫出来，很明显是基于“我要把我的连环画弄出来”这样的心理。而当爸爸妈妈帮助她连环画拿出来的时候，如果她能这样想“我终于又得到我的连环画了”，那么愉快的情绪自然会压倒书皮划破所带来的不快。

因此，思维习惯往往决定情绪的走向。所谓不健康的思维习惯，就是完全背离“自我调整”的方向。想想看，一个“愿意”焦躁的孩子，家长即使再迁就又能怎样呢?

★压力之下的“副产品”

情绪问题常常跟以下因素密切相关：学习的紧张、对社交场合和周围环境的不适、对更大自由权的渴望、讨人喜爱的强烈愿望和对在同龄群体中树立地位的期盼等。当孩子的心理诉求和外界环境产生矛盾时，就会感到焦虑。

而我们不难发现，矛盾虽是一个根本的因素，但却不是最直接的。当这些矛盾转化成压力作用于孩子的时候，焦虑情绪才会一触即发。而现如今，孩子在各方面承受的压力越来越大、面对的挑战越来越高，这都很容易导致孩子产生不良情绪和行为，又因为在自我释放和调节的过程中，找不到合适的途径和方式，难免会诉诸焦躁情绪。于是“副产品”就“出炉”了。

家长在应对孩子的情绪问题时，首先要理解孩子并不是下意识地去找家长的麻烦，而是没有自我调控的能力，同时又没有更好的疏导情绪的途径。因此家长应给予孩子爱护和理解，否则焦躁的家长面对焦躁的孩子，那状况就可想而知了。

教子处方

让孩子学会选择外界的信息

矫正孩子的焦躁情绪需要家长以正确的态度来对待。

首先，家长不能总等到孩子情绪出现问题的时候再向孩子讲道理，处于偏激情绪中的神经中枢对外界信息已经无法顺畅接收。因此，在孩子情绪稳定的时候就告诉孩子，情绪和解决问题之间的关系，以及某些在孩子眼中很“重大”的事情其实并不像他们想象得那么严重。同时，帮助孩子学会用其他的途径疏导郁结的情绪等等。

当孩子处于“情绪作用”期的时候，不要过分迁就孩子，否则孩子会“得寸进尺”。家长可以这样说：“你先生气吧，等你不焦躁了，我们再来解决问题。”这样一来，孩子的情绪没有得到回应，便会慢慢地平复下来。

当问题解决以后，家让应提醒孩子学会反思，让孩子回忆自己从事情发生到最后解决，他的情绪充当了什么角色。在不断地反思之中孩子会慢慢发现原来焦躁不仅对于解决问题没有任何帮助，而且带来了很多麻烦。慢慢地，意识就会从微弱过渡到成熟的状态。

除了正确的态度，家长在矫正孩子焦躁情绪的过程中还应注意哪些方面呢？

1.具体情况，具体分析

当孩子因为焦躁表现出无礼、叛逆等不良行为时，家长要认真考虑一下，这些行为究竟在哪些方面越过了底线？反映出何种心理诉求？如果只是偶然才出现顶嘴叛逆的话，家长则不必过于敏感，适当的叛逆行为对孩子来说可以缓和情绪的波动。然而，如果这种无礼的行为持续很长时间的话，那么就可以按照上面提到的，先“晾”孩子一段时间，之后向孩子说明为什么他的行为会使人感到厌烦，并告诉孩子在下次遇到类似情况的时候应如何正确应对。

2.让孩子学会选择外界的信息

孩子的情绪往往因为外界信息的刺激而出现各种不好的状况。因此，应让孩子学会对周遭的信息有选择性地接收，即首先选择接收对自己益的信息。当然这并不是让孩子“见喜不见忧”，而是让孩子学会给自己一定的缓冲时间来将情绪调整到一个最佳的状态，然后逐步地接收其他的信息，即让问题逐步地在脑海中显现，一直到解决问题。

这种选择能力的培养需要一个长期的过程，而且家长在这个过程要起到一个引导作用，帮助孩子正确地分辨什么是对自己最有益的信息。

最后要提醒的是，家长要尽力给孩子营造一个较为安静的学习、睡眠环境。不同的声音会对大脑产生不同的刺激，家长如果经常唠叨或外面的噪音过大都有可能成为孩子情绪烦躁的原因。

34

体质差：走两步路就喊累

家长倾诉

学校要举行运动会了，老师提倡大家踊跃报名参加。悠悠见大家都很积极，自己也不能落后，就报了个200米的项目。

回到家，悠悠把自己的决定告诉了爸爸。爸爸夸奖悠悠勇敢，并提议从明天起陪悠悠早起去外面跑步练习。悠悠欣然同意了。

第二天早上，爸爸起床后提醒悠悠该起来锻炼了。可悠悠迷迷糊糊睁开眼说："爸爸，要不明天再跑吧，我今天太困了。"

"下周可就要比赛了，到时候跑个倒数第一可不许嫌丢人啊！"爸爸对悠悠说。

悠悠一听这话赶紧起来，很快穿好衣服跟着爸爸下楼了。

父子俩沿着小区跑了起来，刚跑了差不多100米，悠悠就开始喊累："爸爸，我跑不动了！"

"那可不行，你这样上场连终点也跑不到啊……"

可爸爸的话还没完，悠悠就停了下来，一屁股坐在了地上。爸爸再怎么说，悠悠就只顾着喘气，死活也不起来了……

专家分析

体能是孩子全面发展的重要素质

有关少年儿童生活习惯研究的调查中发现，在抽取的样本中有近七成的儿童缺乏体育锻炼，身体素质欠佳，健康状况不容乐观。

过去，人们体质差和生活境况所能提供的物质条件有限有直接的关系。但现如今，这个原因在大部分体质差的人群中已经无法成立了。随着物质生活水平的提高，不少郊区、农村的家庭已经可以满足孩子的营养需求，而大部分的城市家庭为了孩子的身体均衡健康地发展更是不惜投入精力和财力，致使不少孩子出现了“营养过剩”的问题。

那是什么原因造成了孩子体能素质的普遍下降呢?

★不合理的生活方式

当下许多父母盲目听信一些广告的宣传把孩子的健康寄希望于医疗、保健品。其实，合理的饮食已经能够提供孩子成长所需的各种营养物质，“补来补去”反而会打破原来的营养平衡，对孩子的健康不仅毫无益处，甚至有可能带来伤害。

另外，相当多的孩子生活无规律，早晨睡懒觉，起床后匆忙地吃点饭就去上学，下午回家埋头赶做作业，然后边吃饭边看电视，直到大人催促才睡觉。家长对体育锻炼没有任何意识，自然不会对孩子提出锻炼的要求。孩子体质差就觉得是营养不到位，从而形成了“恶性循环”。

★居住环境和生活形态的变化

大部分城市里的孩子从早上开始坐公交车或由家长送到学校，放学也是如此；而随着学生课业的加重，学校没有多少课外活动，每周一两节的体育课根本起不到锻炼身体的作用；回到家中由于缺乏其他娱乐的空间，

电视、电脑几乎占据孩子全部的休闲生活了。这样一来，孩子就更没有了进行体育锻炼的机会。

“身体是革命的本钱。”好的身体状态往往带动起人的精神头儿，而身体素质欠佳就会带来一系列的问题。耐力、柔韧性、爆发力、心肺功能等素质都会因为体能素质的下降而出现不同程度的下降。

我们提到过，自立需要耐力，需要顽强的意志、良好的抗压能力等等，而这一切都与体质因素相关。由此可见，想要让孩子自立，想要让孩子真正健康地成长，家长就需要转变自己的健康观念，从给孩子安排一个合理的锻炼计划，纠正孩子的挑食习惯等方面入手，让孩子朝着均衡发展的方向前进。

教子处方

从培养孩子的运动兴趣入手

大人孩子均有一定的惰性，因此人们需要靠不断战胜自己的惰性来提升自己。要提高身体素质，进行锻炼是必不可少的。相比于在温暖的被窝里睡觉，躺在沙发上安逸地看着电视等，跑步等体育锻炼无疑是没有吸引力可言的。但是，体育锻炼所能带来的好处，又使我们不能忽视体能的锻炼，因此要迈出第一步，就要先打败自己的惰性。

如何让孩子爱上运动呢?

1.告诉孩子运动可以给自己带来什么

锻炼的好处体现在多个方面:

首先体育锻炼能促进儿童身体全面发展。食物中含有各种蛋白质和无机盐，这些都是骨骼和肌肉的生长发育所需要的。而人体必须有足够的维生素才能使钙和磷得到吸收。经常在户外活动能较多接收日光，而日光中的紫外线，可以使皮肤中的一种物质转化成维生素D，促进钙磷吸收。另外运动对于神经系统、心脏的生长发育都是十分有利的。经常运动的孩子，心肌健壮，跳动次数比一般孩子少，这是心脏健康的表现。

此外，运动还可以通过消耗大脑的氧气促进血液循环来使大脑获得更多的氧气和养料。一个人是否聪明，主要取决于大脑的功能。儿童大脑需氧量占整个人体需氧量的50%，因此运动可以使孩子更聪明。

另外，运动还可以身体对疾病的抵抗力，塑造人的气质等等。

当孩子对于运动的认识不仅仅是停留在使人费力出汗的表层时，便会在这些好处的“诱惑”之下进行尝试。

2.将孩子好动的天性转化成对运动的热爱

好动是孩子的天性，有些喜欢安静的家长对孩子好动的习性十分反感，这是不应该的。家长应积极地保护孩子这种天性，并通过恰当的方式转化成对运动的热爱。比如和孩子一起观看体育比赛，让孩子为运动的拼搏精神所感染等等。

另外，家长可让孩子多接触不同的运动方式，可能有的孩子不喜欢跑步对足球特别感兴趣。家长就可以让孩子通过足球运动来增强体质。

3.让孩子养成运动的习惯

缺乏常性是很多孩子的毛病，“三天打鱼，两天晒网”的状态是行不通的。要养成习惯，首先要结合孩子的实际情况，按照运动量的递增原则为孩子制订一个运动计划，让孩子乐于接受。另外，家长要注意督促孩子，不要给孩子找借口的机会。

4.重视运动过程中人的因素

要让孩子在运动中发现乐趣，人的因素也不可忽视。比如说，孩子可能因为自己的好朋友十分喜欢篮球而受到感染，也对篮球产生浓厚的兴趣。还有家长在可以抽取时间和孩子一起锻炼，这会让孩子在锻炼的同时体验到和亲人以运动方式相处的快乐。

运动不仅能增强孩子的体能，更给予孩子生命的关怀。儿童时期是人生的关键时期，家长应关注孩子的体能发展，培养孩子的运动能力，为孩子有足够的“本钱”来充分发挥自身的自立能力。

35

浪费：花钱总是大手大脚

家长倾诉

罗旭和王晶晶是同班同学，而且还是一对儿要好的朋友。最有意思的是两个人竟然是同年同月同日生。

生日的前一天，两个人在学校商量生日应该怎么安排才最有意思。由于生日刚好赶在周末，两个人最后两个决定，请其他的朋友中午到罗旭家一起玩儿，晚上再到王晶晶家玩儿。

罗旭回到家就“宣布”了自己的生日计划。爸爸没有表态，妈妈提议还是请爷爷奶奶到家里来，一家人过生日才更有意义。

“可是我都跟同学商量好了，总不能让别人说我言而无信吧！”罗旭一下子不高兴了。

爸爸妈妈不好说什么就同意了。

“妈妈，给我钱，我要去给王晶晶买礼物！”罗旭说。

“妈妈前两天不是才给过你吗？买个礼物足够了吧？”妈妈说。

“王晶晶是我最好的朋友，我当然要花很多钱给她买最好的礼物了。上次你给我的，我早就花完了。妈妈，你不会那么小气吧……”

最后，王晶晶和罗旭都送了彼此一份很贵重的礼物，请同学们吃饭更是花了很多钱，两个人总算觉得生日“有意思”了。

专家分析

没有正确的价值认知导致浪费

勤俭节约是中华民族的传统美德。历史上不乏勤俭的格言和例子，如诸葛亮说：“君子之行，静以养身，俭以养德，非淡泊无以明志，非宁静无以致远。”

大到一个国家的繁荣富强，小到个人的前途命运，不走勤俭之道，恐怕要走不少弯路。中华民族素以勤劳的双手创造了光辉灿烂的华夏文明，以吃苦耐劳著称于世。随着现代经济的发展，人们的生活逐渐富裕起来，有人就认为勤俭美德过时了，因此也不必要要求孩子从小节俭了。这种说法是站不住脚的。良好的社会秩序需要人来维持，和谐的社会环境需要人来营造，同样，社会的进步还需要人来推动。试想，如果每个人将自己的所得全部挥霍，那扩大再生产不就成了空谈吗?

勤俭节约，不是表现在行为上的过分吝啬，而是一种正确对待物质的观念。懂得勤俭的人往往能将手中的财富进行最合理的配置，让它们各自产生出新的价值。

为什么现在的孩子大都花钱大手大脚，毫无勤俭意识呢?

★没有“勤”自然不知道“俭”

权利和义务是一对儿相关的概念。勤劳工作，履行了自己的义务才有权力享受的道理对成年人来说不难理解，但孩子往往对此没什么概念，因为他们习惯了父母为自己提供所有的必需品和非必需品，不需要流汗，更不需要思考。人们都有这样的心理，那就是对得之不易的东西往往分外珍惜。其实儿童大手大脚地花钱也是这种心理的反向作用，无法体会所得的艰辛，自然不会找理由去珍惜。

因此，家长要想让孩子节制自己的花钱欲望，爱惜周围的事物，还得明白一切都不是理所当然的。让孩子付出适当的代价，是激发孩子勤俭意识的必要条件。

★沉溺于物质所带来的感官舒适

很多孩子将名牌服装看成身份的象征，于是他们穿贵的；高档美味的事物对味觉的极大诱惑又使得他们无法抵挡，于是他们吃贵的；精美出众的文书、书包等又被孩子视为“品味”的象征，于是他们用贵的。很显然，他们是利用金钱换取的物质来满足虚荣心的膨胀。

有些家长总觉得自己在小的时候，没有条件享受便想象设法地想让孩子得到最大的满足。殊不知，过分舒适的物质享受不仅仅会使孩子毫无勤俭的意识，而且还会消磨孩子的意志、受挫能力，成为无法自立的寄生体。

行为上的勤俭节约还需要正确消费意识以及金钱观的引导，家长应该从让孩子从小接收勤俭的德育教育，并及时纠正孩子乱花钱的行为。

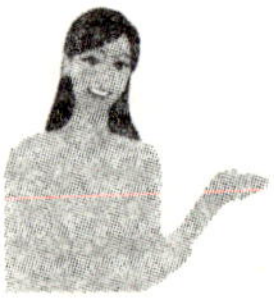

教子处方

给予孩子精神财富可使孩子受用一生

两次诺贝尔奖金获得者居里夫人对女儿说：“我只给你们精神，而绝不给你们金法郎。”这种对待孩子的方式在中国尚不多见，但在国外是被普遍认可的。国外的家长从孩子很小就让孩子自己处理各种事物，甚至是让孩子自己打工挣钱，既锻炼能力同时对付出与享受的因果关系有深刻的理解。

当然，我们并不是提倡家长照搬国外的教育模式，但应学习他们的教

育观念。有位教育家说过："当父母不断地满足孩子过分的物质欲求时，那是在对孩子进行犯罪。因为家长对孩子的有求必应很容易助长孩子的私心、欲望不断膨胀，再加上孩子又不懂得自食其力，一旦家庭无法再满足他的需求时便会将目光投向外面的世界，最终误入歧途。"

因此，与其为了让孩子获得一时的享受，倒不如让孩子成为精神的富有者，自如地驾驭自己的能力，从而创造出属于自己的财富。

家长应该怎样对孩子进行引导呢？

1.家长充分发挥榜样作用

现在有不少家庭条件富裕，父母们过分讲究排场，其行为也在无形之中影响孩子的思维。因此，即使家庭条件允许，父母也应该以身作则，勤俭持家。比如妈妈添置了一件不必要新衣服，爸爸可以当着孩子的面对妈妈提出批评，请征得孩子的认同，妈妈则应该对自己的所为表示后悔。直接对孩子进行理论教育，孩子一时间无法深刻理解。而活生生的例子，而且还是发生在身边的事儿则可以让孩子印象深刻，从而更好地理解什么是正确的消费观念，而不必要的支出有什么不妥之处。

2.让孩子学会合理使用自己的零用钱

一般来说，儿童对外界的诱惑没有足够的抵御能力。因此，家长不要让孩子带太多的零用钱在身上。同时让孩子有属于自己的小账本，让孩子把自己的支出都记下来。如果孩子的花费十分合理，比如买了有益的书等，家长应及时地对孩子提出表扬。通过这样的方式，孩子在花钱之前就会有一个权衡的思考过程，不至于养成乱花钱的毛病。

儿童时期是品德塑造的关键时期，家长一定要从点滴小事做起，成就培养孩子美好的德行。让孩子经常参加劳动，体验劳动的辛苦。同时让孩子通过阅读来认识美德的意义，当然不仅仅是勤俭节约的美德，精神的财富可以使孩子受用一生。

36

胆小：晚上连门都不敢出

家长倾诉

梦丹今年12岁，上初一。她胆子特别小：晚上不敢一个人睡，每次都得等她睡着后，父母才能离开她的房间；天一黑她就不敢出门，所以晚上妈妈从不带她出去，当然也不能让她一个人待在家里；上课不敢举手发言，怕说不好；学校开运动会不敢报名参加，怕得最后一名让人笑话；有不懂的地方不敢问老师，怕老师说她；节日演出不敢参加，怕出洋相；就是与父母外出，有时叫她去问路都不敢，怕被拒绝……

后来，妈妈也在想："孩子是不是被我们娇惯成这样了，因为她从小到现在几乎面临的所有事都是我们在替她包办，她呢好像也习惯了，不管碰到什么事自己不会拿主意，凡事都得问我。一开始我也没太在意这些，认为孩子小，等长大就好了。可我万万没想到，孩子现在都上初一了，还是这样胆小，真不知该怎么办。"

专家分析

家长引导不当是孩子胆小的主要原因

有些家长反应自己的孩子过分胆小，担心这种性格会影响孩子的发展。胆小表现在生活的各个方面，比如有的孩子不敢在陌生人面前讲话，晚上不敢自己起来上厕所，不敢自己待在家里等等。家长的担忧是不无道理的。勇气是做任何事的敲门砖，试想一下，一个人拥有智慧、耐心等多方面优势的人如果不敢放开自己的步子，又怎么有机会运用自己的资本呢？

雏鹰如果没有勇气冲向天空，就无法在搏击长空的过程中体会到天空的辽阔；孩子也一样，如果为怯懦所羁绊，便只能驻足于狭隘的角落。那为什么有的孩子常常一副“风风火火”的样子，敢于进行各种尝试，而有的孩子则表现得畏首畏尾，什么都不敢尝试呢？

★家长保护过度

有些家长对孩子的保护过多过细，尤其怕孩子因为意外而受到什么伤害。当家长不愿意让孩子做某件事的时候，就会把事情的负面后果说得十分严重，从而让孩子为惧怕心理所捆绑，丧失了勇气。

有的家长总把孩子带在身边，形影不离，使孩子形成一种强烈的依赖心理和被保护意识。当孩子逐渐长大时，保护的惯性照样持续，没能根据孩子的能力适当地让孩子去探索尝试，结果是孩子离开大人就害怕。

★孩子有心理阴影

有的家长为了不让孩子做某些事，就用一些迷信思想来吓唬孩子，比如说用类似“你要再去玩水的话，水怪就会把你抓走”之类的言辞来吓唬孩子。另外，有些孩子可能无意中通过某些媒介接触到了一些孩子心理无法承受的内容，或者是听了某个吓人的故事，以及生活中的某些偶发事件，比如着火等。这些经历都有可能在孩子心理上留下可阴影，造成孩子胆小的性格。

★孩子交际能力差

有位家长讲到自己的孩子平常英语成绩很好，在家说得也不错。升学时报考的学校有英语面试，但因为孩子怕见生人，不敢开口，最后落榜了。

的确，有很多孩子除了父母及其他的长辈，很少见生人，结果造成了交往能力的萎缩，怕在众人面前讲话。当孩子连与同龄孩子交往的勇气都缺乏的时候，只会在封闭的世界里加重自己的胆怯心理。

决定孩子胆量和性格的因素有先天的气质，也有后天的培养。但后天的培养起主导的作用。家长应对孩子胆小问题有清楚的认识，包括造成孩子胆小的原因，以及孩子胆小的主要表现等。家长应树立转变孩子胆小的信心，针对孩子的情况采取相应的措施，而不是简单的说教。另外，家长要认识到自己的责任，及时转变自己的教育行为。

教子处方

创造机会，锻炼孩子的胆量

当孩子处在父母保护之下的时候，胆小所隐含的危机可能并不明显。但家长不能永远充当“庇护伞”的角色，从孩子走出家门的那一刻起，风霜雨雪随时都有可能对孩子构成威胁。而勇气则是孩子可以使用的第一件武器，如果它是一把锈迹斑斑的剑的话，恐怕孩子难以应对各种困难了。

因此，家长应帮助、指导孩子克服胆小的毛病。具体可从以下几个方面入手：

1.鼓励孩子说出自己的不同想法

提出自己不同的意见和建议本身就是一种勇气的体现，家长可以刻意地创造一些机会，让孩子来提出自己不同的意见。比如孩子在合理的时间内看动画片，爸爸要求孩子去写作业，以此来激发提出自己的“抗议”。另外还可以通过玩“找错误”的游戏来锻炼：妈妈来提问，爸爸来回答问题，然后让孩子从爸爸的答案中挑毛病，并指出为什么爸爸的答案是错误的，为什么自己的是对的。这样可以使孩子在轻松的氛围中锻炼自己的胆量。一开始也可以是最亲近，慢慢地当孩子熟悉这种游戏之后，可以让孩子与不同的人玩，这样一来还有助于培养孩子的人际交往能力。

2.锻炼孩子在人多的场合下大声说话

家长可在家庭内部搞一些小的联欢活动，从让孩子表演节目开始锻炼孩子。家长可以慢慢地多邀请一些人，比如其他的小朋友、自己的同事等等，让孩子的心理逐步摆脱面对生人的恐慌感。此外，鼓励孩子多参加学校的一些演讲比赛，多参加集体活动等都可以使孩子的胆量得到锻炼。

3.当孩子遇到挫折时，让他学会自己去处理

生活态度不同的人对待挫折也有着截然不同的理解。有的人稍微遇到点挫折就会感觉到十分绝望，而有的人则能清醒地认识到每一次经历挫折的过程都是历练自己的过程。当一个人从逆境中挣脱出来的时候，各方面的能力都会有很大的提高，包括胆识。

因此，当孩子遇到挫折向你求助的时候，明确地告诉孩子让他自己去处理。并告诉孩子并不是家长不爱他，而是要他自己去体会、去成长。

当孩子能自如地应对挫折的时候，他就会由把复杂的事情变成简单的能力，就会有足够的空间承载生活的机遇。如此一来，与人交往、大胆尝试对他来说也就不是什么难事了。

家长们在帮助孩子克服怯懦的过程中，要针对不同的情况，设计具体的方案，只有笼统的道理是行不通的。只有让孩子自己去尝试，并品尝到其中的快乐，才会有更大的勇气去迎击艰难。

37

犹豫：来来回回游移不定

家长倾诉

星星快过生日了。爸爸问星星想要什么礼物，星星说让爸爸带着自己出去游玩。

“那星星，你想去什么地方玩儿呀？”爸爸问道。

“我想去……想去游乐场，还想去……动物园。”星星想了半天回答说。

“这两个地方离得太远了，一天恐怕来不及呀，爸爸只能请一天假，星星还是选一个最想去的地方吧。”爸爸说。

“那等我想好了再告诉爸爸吧。”星星说。

三天过去了，星星的生日马上就到了。但当爸爸问星星想好去哪儿玩了没有时，星星却说：“爸爸，我每天都在想去哪儿玩，我想去游乐场坐木马，但也想去看长颈鹿……我不知道怎么办了……”星星还显出一副很苦恼的样子。

最后爸爸提议用抓阄的方法决定，星星同意了。

爸爸把拿了两块纸，一个写上了“动物园”，一个写上了“游乐场”，然后团成团儿握在手里让星星选一个。

可是星星盯着爸爸的两只拳头，又开始犹豫了……

专家分析

孩提时代是形成果断品质的重要时期

有的家长抱怨，我的孩子做事犹犹豫豫，优柔寡断，没有果断性。果断性是什么？果断性是指一个人善于明辨是非，迅速地估计情况，适时地做出并执行决定。这一过程需要意志的配合才能顺利完成。那意志又是什么？意志是人们自觉地确定目的，根据目的支配调节行动，克服各种困难，从而实现目的的心理过程。意志体现出人的心理活动的能动性。人有了意志就能够积极地改造客观现实。

与果断性相对应的就是寡断性。具有寡断性的人在决断中思想、情感不集中，面对紧急情况犹豫不决，束手无策，迟迟做不了决定，总是顾虑重重，左右徘徊，患得患失，怕担风险，不敢决断。

人生当中会由无数个偶发事件的发生需要我们在第一时间做出当机立断的决定，在这个时候果断性便发挥着十分重要的作用。自立能力要求个人具有在应对危机的关键时刻果断决策的能力，否则延误了时机可能会带来严重的后果。因此，果断地做出决定是一种负责的表现，同自立能力的体现。

有心理学家研究表明：一个人做事不果断的性格形成可以追溯到儿童时期。因此家长们一定注意观察自己孩子的表现是否已经背离了果断的方向。

那又是什么使得孩子做决定时犹豫不定呢？

★缺少做决定的机会

不少家长习惯于帮孩子做很多选择，大到孩子在业余时间学习哪一门特长、孩子与哪些孩子交往，小到孩子每天穿什么衣服等。这样一来，便剥夺了孩子做出选择的机会。孩子缺乏权衡利弊的思维，遇到需要选择的问题首先想到的就是让自己的家长帮自己做出决定。

★受父母寡断的影响

这种寡断性对孩子的影响表现在两个方面：一个是家长在处理自己的问题上，总是十分犹豫，在抉择的过程中表现得十分苦恼；另一方面是家长在面对孩子的提问或向孩子提出要求的时候，态度不够坚定，要么是传达的信息来回不一致，要么就是总有余地。这样长久下去，孩子必然会受到影响。

还有一种性情被称为“武断性”，具有武断性的人与具有果断性的人在行为表现上截然不同。有武断性的人往往懒于思考而轻易做出决定。这种人虽然能够迅速做出决定，但不考虑客观条件，不考虑后果，做出的决定是虚妄的、主观的。因此家长切忌只求“速度”，而忽视了“质量”。

孩子们果断性的发展水平比较低，有时会体现出轻率的意志特点。我们不能轻视孩子的果断性的培养教育，要培养孩子们面对新生事物的认识、辨别能力，认准的事情要快决定，快行动，今天能做的事情决不等到明天再开始。并从小事抓起让孩子判断问题的能力、速度不断地提升。而这个过程也是在不断打磨自立所需的意志的过程。

教子处方

锻炼孩子正确抉择的能力

果断性并非天生就有的能力，需要后天的培养。由于儿童时期所形成的很多习性会在很大程度对他以后的性格构成影响，因此家长应尽早地重视对孩子果断抉择能力的培养。

家长应从哪些方面入手呢?

1.不要让孩子做没有意义的选择

有些父母之间产生矛盾的时候，会问孩子到底是谁错了。对于这种作出任何回答都无法给予准备判断的事情，让孩子去做决定只会让孩子因为无法判断对错而感觉到无所适从，甚至长久下去会造成孩子在性格上的游移不定，或者对做决定产生厌恶情绪。

2.让孩子对自己的选择做出解释

泾渭分明的选择在很大程度上能体现出一个人的思维方式。家长若要孩子果断地做出决定，首先要保证孩子思维的正确倾向。每当孩子做出选择的时候，家长可以让孩子讲讲自己为什么要做出那样的选择，有一定的根据还是仅凭自己的主观喜好。家长可以通过孩子的回答捕捉很多由价值的信息，比如孩子的价值观等。如果家长发现孩子的解释十分合理，应给予孩子积极的鼓励，如果发现孩子的思维有所偏离就要对孩子进行正确的引导，让孩子学会从不同角度来权衡问题。从而提高孩子正确抉择的能力。

3.有意地展开训练

这种训练应遵循由易入难的原则。所谓“易”即一开始的时候让孩子面临的选择不需要过多的思考，可侧重反应能力的锻炼。比如和孩子比赛在听到口令后谁先做出正确的动作等，渐渐地再增加训练的难度。

当然，这些方法的前提是父母要把选择权交到孩子手中，让孩子拥有自己去做出抉择的意识。然后再一步步培养孩子正确抉择的能力，否则让孩子始终处于被动接收的状态，果断性的培养难免沦为一句空话。

38

违反纪律：谁怕那些没用的条条框框

家长倾诉

小杰是刚转来的学生。开班会的时候，老师强调了几条纪律，包括上课认真听讲、按时完成作业、不许迟到早退等等，最后布置了当天的作业。

小杰翻着手里的漫画书，根本没把老师的话当回事儿。

第二天，除小杰以外的其他同学都把老师留的作业交了上去。

老师把小杰单独叫道了办公室，问小杰为什么没有按时完成作业。

小杰借口说自己的作业本落在家里了。

“那老师就相信你一次，但是下不为例，按时交作业是一个学生应该遵守的纪律，知道吗？”老师说。

小杰点了点头。

回到教室之后，同桌问小杰是不是挨批了。小杰回答说：“那算什么，什么纪律不纪律的，我才不怕呢！”

果然，接下来的时间里小杰不是经常迟到，就是自习课乱讲话影响其他同学，根本不把纪律放在眼里。

专家分析

漠视纪律是一种不自觉的表现

一提到纪律，人们最先想到的就是部队。在那里可以说无论做什么都要遵守相关的纪律，否则就要受到相应的惩罚。不遵守军纪有愧于军人的称谓，而部队严谨的作风也正是在纪律中训练出来的。

当然，在教育的孩子的时候以军队的高标准来要求孩子显然是不合理的，那到底什么才是普遍意义上的纪律性呢？

纪律性是指个体的行为能够服从于社会、团体准则。具有良好纪律性的人能自觉约束自己的言行；能考虑行为后果；能经常进行自我检查，发现问题迅速纠正。

国家机器要正常运转不能没有法律，每个人都可以随意妄为显然是行不通的。现代社会是法制社会，而纪律性是法制观念的基础，纪律性强的人，能很好地领会到法律的尊严，在法律所允许的范围内行为处事。

另外，人们在提到“遵守纪律”的时候，常常会加上“自觉”两个字。为什么呢？有人曾形象的把纪律解释为：“能按要求自觉地去做自己不喜欢的事情，这就是纪律。”也就说能够遵守纪律的人具有很强的自觉性，即能够克服性格中的某些弱点来约束自己的言行。一个人要自立，需要克服依赖性、惰性等多种性格缺陷，因此良好的自觉性也是锻炼自立能力的所需的一种品质。

经常违反纪律的人，常会顺从自己意志的薄弱倾向，做出与纪律要求相违背的行为。班级需要纪律，企业需要纪律，因此不能从小严格要求自己的人，将来很容易因为行为的“出格”成为被淘汰的一个。因为一个团体要维护自己的权威形象是无法纵容一个总是违反纪律的人的。由此可见，纪律很重要，那到底是什么让孩子漠视纪律的存在呢？

★家长从不或很少对孩子的行为提要求

有些家长抱有这样的想法：孩子调皮一些没什么，上学之后由老师管着自然就安分了。于是在这种想法的驱使下，对孩子的任性行为常常是视而不见，这种视而不见在孩子看来实际上构成了一种无形的默许。到孩子上学的时候，其对行为的认知态度已经出现了偏离，因此便将纪律中对行为的要求看成是一种不合理的束缚，进而逆纪律而行。

★独立性的不恰当体现

有些孩子在小学阶段易受家长、教师的约束，其行为有较大的依赖性。进入初中学习阶段后，独立性增强，纪律性处于一个“分水岭”时期。这一时期对孩子的纪律性教育十分关键。因为如果方式不当，孩子尚不成熟的独立性就很可能对孩子的情绪形成干扰，从而出现一些违背纪律的行为。

因此在这一时期，家长要注意自己的言行，要成为孩子纪律性的表率。帮助孩子排除那些“守纪律吃亏”、“纪律把人管死了”等片面、错误的认识的误导。这样才能使孩子的独立性和纪律性不相互冲突。 良好的纪律性帮助个人在性格塑造的过程剔除很多负面的因素，从而使孩子真正成长为拥有自立能力的人。

教子处方

培养孩子的纪律性，“言教”、“身教”并重

人的本质属性是社会性。所谓社会性是指各种社会关系的总和。因此，想要让孩子在成长和以后的创业过程中更为顺利，家长有必要让孩子明白纪律不是刻意针对某个人的，而是一种普遍的规则。自觉地遵守纪律

实际上也是一种自我价值的体现，因为团体的和谐乐章还需要每个成员都是称职的单个音符。

那家长应如何培养孩子的纪律性呢？

1.为孩子选择正确的方式释放能量

有些孩子十分好动，许多纪律问题就产生于限制身体活动的时候。孩子的运动行为不应该受到过分限制。为了精神上和身体上的健康着想，孩子需要跑、跳、爬、蹦等运动。家长常常通过为孩子制定各种纪律禁止孩子的身体活动，这样会导致他们情感上的紧张，从而通过逆反、攻击来表达这种紧张。

因此，家长应安排一个合适的环境，让孩子的身体得到活动，直接释放能量。这是一个非常好的方法，可以使孩子身心得到很好的锻炼。但现实是不少家长忽视了这一点，建议家长经常陪伴孩子到户外进行活动，不要让孩子因为无法释放能量而违反纪律。

2.正确对待孩子违反纪律的行为

首先可以明确的是，家长不能对孩子的违纪行为无限制地纵容。有教育意义的方法要求父母坚持和蔼但坚定的成年人形象，对待违反了限制的孩子，父母绝不能跟他争辩、啰嗦，不能陷入关于限制是否公平的讨论中去，也不能就限制给孩子一个冗长的解释。有时候“纪律就是这样”五个字足以解决问题，这样可以让孩子对纪律产生一定的畏惧心理。再面对同样状况的时候自然会对自己的行为有所收敛。

3.让孩子慢慢进入守纪的状态

学习新的知识往往在最开始的时候阻力最大，一旦冲破了最初的阻力，即常说的“入门”之后便相对容易很多。这种规律同样适用于遵守纪律的过程，某些孩子觉得在一开始安静地在课堂上坐四十五分钟，同时还要接收十分理论化的知识是一件很难挨的事情。对于这种情况，家长可以以满足孩子的一定要求为奖励要求孩子认真地遵守纪律，比如让孩子回来复述老师的讲课重点以及自己的心得体会等等。通过这样的督促方式，让孩子习惯纪律，进入到守纪的状态。

强化纪律同样是一个漫长的过程，家长在这个过程要注意“言教”、“身教”并重，在孩子面前表现出该有的自觉性。让孩子在潜移默化之中慢慢地学会约束自己的言行，成为一个遵守纪律的好孩子。

39

心眼太直：遇事不懂得灵活处理

家长倾诉

闪闪14岁了，从小到大都十分听话。

由于学校离家特别近，爸爸妈妈工作又特别忙，闪闪每天都自己走路去学校。妈妈告诉闪闪，放学后要马上回家。

这天下午，快放学的时候突然下起了雨。

闪闪看雨一下子也不会停，就冒着雨回家了。

到家后，妈妈看见浑身湿透的闪闪，让闪闪赶紧把湿衣服换下来，又心急地说："你怎么自己跑回来了，爸爸去接你了，没看到爸爸吗？"

"我光顾着往回跑了，没看着！"闪闪说。

"怎么不在学校门口多等一会儿呀？"妈妈问。

"你们又没说来接我，我看雨一时半会儿也停不了，又怕耽误回家的时间……"闪闪边说边抖，看样子难逃一场感冒了……

专家分析

懂得灵活处事的孩子不“绕远”

提到灵活性，人们最先想到的是和身体有关的灵活性。比如出色的钢琴师手指都十分灵活、优秀的足球运动员的腿脚十分灵活等等，可见肢体的灵活性能给人诸多的益处。其实，思维的灵活性对一个人来说同样十分重要，但有些家长却忽略了孩子这方面能力的培养。

有这样一个故事：也是在一个下雨天，一位生病卧床的妈妈眼看到了儿子快放学的时间，而自己却无法去给孩子送伞，孩子的爸爸又还没有下班，心里十分焦急。就在这时，传来了儿子进门的声音。“妈妈，我回来了！”孩子的声音很响亮，丝毫没有被雨打湿的失落情绪。儿子跑到妈妈的房间，妈妈看到儿子的样子十分滑稽，圆圆的脑袋上套着一个塑料袋。儿子说：“我走出教室的时候发现下雨了，我想爸爸肯定还没下班，您又生病了，我这要是淋着雨到家，非感冒不可，于是我就灵机一动，到学校旁边的饭店跟阿姨要了一个塑料口袋，那阿姨还夸我蛮聪明的……”

对比一下事例中的闪闪和上面故事中的孩子，尽管两个孩子都是面对着要冒雨回家的场景，但两个孩子的思维过程却有着明显的不同。闪闪一心想着：妈妈说过要我放学马上回家，那我就应该听话马上回家。闪闪没有考虑自己的父母会不会来接自己，以及因为下雨晚回家妈妈并不会责怪自己。而上面故事中的小男孩把一切都想到了，先是考虑到爸爸的工作、妈妈的病情，排除了等待家人来接的念头，然后又想到了找一个塑料口袋保护好自己的小脑袋。可以说，这个小男孩就具有不错的灵活性。

具有灵活性的人在遇到问题的时候，如果发现按照常规途径无法解决时，不会“钻牛角尖儿”，而是善于打破陈规，通过“拐弯”的方式达到目的，事实上这样的人却少走了很多弯路。灵活变通要求个人的思维不拘泥于单一的模式，能多角度、多侧面地看问题，在逆境面前懂得以退为进，从而使得心境也比一般人要乐观积极。因此良好的灵活性无疑能使一个人在自立的舞台上更自如地表现自己，否则遇事就按照陈旧的方式“死磕”，只会让自己时常处于“碰壁”的状态。

一个成年人解决问题的方式过于死板，往往和他儿时性格的固执以及思维方式的单一有很大的关系。

那为什么有的孩子丝毫不懂得变通呢？

★家长对孩子的行为束缚过多

有些家长出于对孩子“严格要求”的目的，习惯了用指令性的语言方式对孩子说话，比如“你吃完饭马上要写作业”、“放学后要马上回家”等。这种语言方式是明显的“自上而下”的硬性要求，即祈使的语气，这样的语言往往包含着明确的时间限定，从而让孩子感觉到一种紧迫感。

如果这种束缚过多，而持续时间过长的话，孩子的思维会形成一种条件反射，即陷入到僵化的状态，表现在行动上就是过分死板，不懂得变通。

★家长对孩子想象力的漠视

孩子的想象力都很丰富，时常有一些不同于常规的新鲜念头。有正确教育观念的家长会小心地呵护孩子的想象力，因为这种能力会随着年龄的增大逐渐地弱化。但如果在儿时给予正确引导的话，想象力可以转化成一种成熟的思辨力，使人的思维更具优势。但有些家长却对孩子的想象力持漠视，甚至“敌视”的态度，总觉得孩子就应该勤奋读书，考个高分。这样一来，孩子的想法没有得到预想的回应，自尊心受挫，又整日对着书本上的知识，思维自然容易形成单一的模式。

由此看来，家长的教育观念对孩子灵活性的培养有极为关键的作用。因此家长应给予孩子足够的空间去思考，去突破陈规，从而使思维方式逐步成熟起来。

教子处方

让孩子学会全面正确地看问题

思维灵活是一种重要品质。思维灵活的人不仅解决问题的速度较快，解题的办法较多，而且善于改变解决问题的策略。思维的灵活性是可以从小通过训练加以提高的。那么，家长该怎样训练孩子思维的灵活性呢?

1.要经常让孩子知道任何事物都具有相对性

很多人在面对问题的时候之所以不会变通，是因为他在潜意识里将问题绝对化了。因此从小让孩子了解事物的相对性可以让思维的“柔韧性”更好，从而学会从侧面、逆向等多种角度思考问题。

比如妈妈可以问女儿“你是妈妈的什么呢?”、“妈妈是姥姥的什么人呢?”等问题，这样可以让孩子明白人与人之间的关系是相对的。另外可以在给孩子讲故事的过程中留个“尾巴”，让孩子自己去想结局是什么样子，让孩子尽量地将结局多样化，从而锻炼孩子多维的思维方式。

2.要经常让孩子知道事物的变动性

有些人用静止的眼光去看待问题，这种人眼中的事物都是一成不变的。但事实却并非如此，因此遭遇变故时自然会因为预料不及而无法进行正确的思考。因此家长应该从小让孩子知道事物都是变化的，只是有的变化细微得让人感觉不到。

比如家长可以先从一些明显的变化讲起，像是四季的变迁、一天中太阳的不同位置等等然后再逐步过渡到变化幅度较小的事物上。此外家长还应让孩子学会察觉变化，比如给孩子一幅图，让孩子仔细观察，然后再做一些细微的改变让孩子去观察变化等。

3.让孩子学会全面地看问题

有时候，如果看问题过于片面的话，就不能发现问题的关键所在，导致问题无法解决。因此全面看待问题是十分必要的。

比如家长可通过弈棋法来锻炼孩子的全面思维。动物棋的棋子只有八个，四个白猪，四个黑猪，棋盘是由横竖四条直线组成的九格方盘。玩的规则是：只有在一条直线上两只同样的小猪，才可以杀死对方紧挨的一只猪。规则虽然很简单，但却能使孩子们从一连串的胜利和失误中，学会瞻前顾后，全面看问题的本领。

思维的灵活性还是体现在思维的正确方式上，因此家长教会孩子正确的思维方法。所谓“穷则变，变则通”，相信灵活性的孩子能够在将来的社会中生存得更自在。

40

缺乏同情心：别人怎么样跟我有什么关系

家长倾诉

晚上，哲哲和爸爸妈妈一起坐在沙发上看电视。是一个故事片，讲到有一群山区的小孩子，每天上学要走2个小时，而且都是山路，没有米饭吃，只能喝玉米面粥，一年到头也吃不到一次肉……

妈妈叹了口气说道："这些孩子真苦呀……"

哲哲听了很随意地说道："妈妈，老师说了，青菜、玉米都是有营养的食物，有什么苦的呀！"

爸爸听了说道："你这种想法错了，这些孩子是因为没有别的可吃，只能吃这些东西，你应该同情他们。"

哲哲白了爸爸一眼说道："他们苦不苦跟咱们有什么关系呀，反正咱们想吃什么有什么……"

专家分析

孩子心中有一颗爱心的种子需要浇灌

一些幼教专家到一家幼儿园进行心理测试，其中有这样一道题目：

“一个小妹妹感冒了，她冷得直哆嗦，你愿意借给她外套吗？”结果孩子们半天都不回答。当老师点名时，第一个孩子说：“病了会传染的，她穿了我的衣服，那我也该生病了。”第二个则说：“我不让，我怕她穿了就不还了。”第三个说：“她为什么不穿自己的外套呢？”……结果，半数以上的孩子都找出种种理由，表示不愿意借衣服给生病的小朋友。

同情他人是一种善良的举动，更是爱心的体现。但从上面的测试中我们却失望地发现，有那么多孩子的同情心已经为其他心思所屏蔽了。

富有同情心的人往往拥有许多其他的美好品质，因为同情心源自于对他人遭遇的一种动容。而一个人也有在打开心灵之窗的前提下，将别人的失意、痛苦融入自己的情愫之中之后，才会产生同情。因此，这样的人懂得体谅他人，为他人着想。同时这样的人不会刻意地为别人制造麻烦，并以一颗宽容之心收留他人无意的过失……一句话来说，这样的人是善良的。

都说儿童的心是最纯洁的，那为什么越来越多的孩子失去了宝贵的同情心？

★家长教育观念的失衡

当下的家长都十分重视对孩子的教育，但他们的着眼于孩子智商、抗压性等素质的培养，因为这些素质可以为孩子的学习成绩、以后的就业发展铺路。但很多家长都忽视了对孩子心灵的塑造，其天生的恻隐之心也因为填充了过于功利性的东西发生了质变。一个对同情毫无概念，即不知同情为何物的孩子自然不会有同情的举动。

★家长的过分骄纵

很多家长的纵容行为使得孩子形成了完全以自我为中的意识，其价值的判断标准也是完全按照自己的主观喜好。有些孩子在公车上看到老人、残疾人也不主动让座，就是这种错误的价值判断的作用：我坐着感觉到舒服，我站着就会费力，当然选择坐着。很多时候当这样的孩子的思维形成

定势以后，期间的选择过程也会省略，其态度就会表现出完全的漠视。

每个孩子的心中都有一颗爱心的种子，家长需要精心地呵护，让孩子的心灵绽放出爱的花朵，这样才会散发出同情的芬芳。拥有同情心的孩子，懂得体谅他人，能将他人的感觉内化为自身的感受，这样的好美德，对于孩子的人际关系与挫折忍受度，都有所助益。人类的情感都是相互，当孩子给予别人同情和帮助，也同样会赢得别人的回报，这样不是可以让一个自立的人拥有更大的力量吗?

教子处方

自幼培养孩子的同情心

有这样一个故事：一位母亲到幼儿园接自己四岁大的儿子回家。幼儿园周围种了很多漂亮的月季花，有很多颜色美丽的蝴蝶在飞舞。孩子在花坛边上发现一只受伤的蝴蝶，拿在手里很高兴地向妈妈炫耀：“妈妈，我捉到一只蝴蝶！”这时刚好孩子的老师走了过来，老师问孩子：“为什么要捉蝴蝶呀？”“捉回去玩呀！”孩子的表情十分天真。这时，孩子的母亲说道：“可以把蝴蝶夹在书里当标本，应该十分好看。”

蝴蝶是一种美丽的生物，但生命力十分脆弱。让蝴蝶自由地起舞，既能传播花粉，又可成就一道美丽的景象，因此随意捕捉蝴蝶是不好的行为。故事中的儿子捕捉了受伤的蝴蝶，其母亲对孩子的行为也是认可的。但是我们很明显的能发现：这个孩子捉到受伤的蝴蝶，本身是出于好奇心和兴趣，但他的母亲却说要将蝴蝶夹在书里当标本，显然是对孩子的一种误导。在4岁以前，孩子的情感因素已经在心灵的土壤之上开始萌芽。随着孩子言语调节能力的发展，心理活动有意识的增强，孩子的情感将会向着健康的方向发展，但前提是家长给予正确的引导。扑蝴蝶是一件小事，但要从培养孩子同情心的高度来进行教育。因为蝴蝶的生命很脆弱，对其的爱护也是一种同情心的体现。

那家长应如何培养孩子的同情心呢？

1.让孩子学会体谅他人

只有让孩子学会体谅他人，了解他人某种境况下的心情，他才会有恻隐之心。孟子说：“恻隐之心，仁之端也。”因此，家长应采取正确的教育手段让孩子学会体谅他人，比如可以让孩子在家里蒙上眼睛模仿盲人行走，体会盲人的痛苦等。

2.让孩子在人际交往中学会同情他人

同情心实际上是一种情感的表露，而人类的情感又是在互动中推进的，因此家长应让孩子多交朋友，让孩子在人际交往中逐步使自身的情感变得健全。同时要告诉孩子当朋友有困难时，要伸出援手。

3.给孩子讲有关同情心的故事

在培养孩子同情心的过程中，语言是很重要的。家长在讲故事的过程中，可以将和同情有关的片段绘声绘色地表达出来，让孩子感觉到这样的语言能带给人温暖的感受，进而影响孩子的意识。

4.让孩子照顾小动物

有调查表明，喜欢小动物的孩子往往更具有同情心。家长可以在条件允许的情况下让孩子拥有自己喜欢的宠物，并协助孩子照料宠物，培养他善良的性情。

有些说法认为，同情心是天生的。因为在新生儿的育婴室里，只要有一个宝宝哭，其他小宝宝也会跟着哭。但这并非同情心的体现，而是一种“同理心唤起”，即一种反射性哭泣。因为1岁以前的小孩，认为自己本身与外在环境是一体的，当他感觉到别人在哭，就会跟着一起哭。因此，家长需要从孩子很小开始就有意地培养孩子的同情心，让这种美好的品质伴随孩子一生。

41

领导能力差：我可不是当班长的料

家长倾诉

洋洋晚上回到家中，样子有些苦恼。

“洋洋，今天是不是有什么烦心事儿呀？”爸爸问道。

“我们班组织了一个活动，每个同学轮流当三天的班长，明天就轮到我了。”洋洋说。

“那是好事呀，这有什么可担心的？”爸爸又问道。

“我哪里当得了班长呀，万一大家都不听我的话怎么办呀？”洋洋没精打采地说。

“那你就请教一下当过班长的同学，让他们告诉你一些经验，也可以提前写个计划什么的。”爸爸建议道。

“哎呀，哪里有那么简单呀，我根本就不是当班长的料。上次老师让我组织拔河比赛，我都没有组织好，这次当班长，肯定又要出洋相了……”洋洋根本听不进去爸爸的话，看上去忧心忡忡的……

专家分析

没有人天生就有非凡的领导能力

在学校当过班长或其他干部的家长都知道，在协助老师组织活动的过程中可以积累很多经验，而这些经验可以使孩子在以后的工作中多方面受益。我们必须承认，并不是所有的人都适合做一个领导，因为要出色地完成领导工作，需要有深刻的洞察力、包容的胸怀、强烈的责任感以及对全局的掌控能力等等。所以说领导意识的培养是十分必要的，当孩子拥有了一个领导者所具备的素质和风范，相信他在处理其他问题的时候会觉得轻松许多。

尽管自立的人不一定都是领导者，但自立需要的意志、责任心、美德等等都是一个优秀的领导者所具备的。因此，培养孩子的领导能力，某种意义上来说也是在培养孩子的自立能力。而一个不敢领导、不敢“出头”的孩子想要自立起来，恐怕不是一件易事。

事例中的洋洋说了这样一句话：“我根本就不是当班长的料。”按他的理解，似乎有些人生来就是要领导别人的，而有的人比如他自己生来就是要被领导的。这不单单是孩子逃避责任的一个借口，很多对自己的上级持“仰望”态度的成年人对自身的领导能力也存在类似的怀疑看法，似乎上级出众的领导能力是天赐的一般。

这些认识都是错误的，我们提到了一个领导者所应该具备的种种素质，像是胸怀、责任心等等，每一种品质的培养塑造尚不是短时间就可以成就的，将这些优秀的品质融合到一个人的身上更是需要一个漫长的过程，因此可以笃定地说：领导者并非天生。

那为什么有的孩子在领导能力的表现上会稍逊一筹呢?

★孩子过于依赖家长

我们知道领导者常常工作都十分忙碌，每天都处理各种不同方面的问题。而不少孩子则是把各种不同方面的事情都交给自己的父母来做，当然这不全是孩子的错，因为家长在孩子这一习惯的形成过程中的关键因素。试想一下，一个连书包都不会收拾、饭都不会盛的孩子如何去处理比这些事情复杂很多倍的事呢?

★缺乏自信

一个领导者总是要受到很多人的瞩目，因为他个人的命令指示关系到很多人该做什么，不该做什么，如果他的命令有误，可能会使正常的工作状态陷入混乱的状态。因此，对自己没有绝对自信的人是无法从事领导工作的。

一般来说，因为这个原因惧怕领导别人的人往往对自己的要求也不严格。这样的人对自己的要求停留在得过且过的层面，他本身也十分明白自己的性情。正是这种“自知之明”使得他没有勇气去处理集体的事务，害怕受到别人的指责。

如果家长们发现自己的孩子总是处于，甚至甘于处于“被领导”的地位，那就应该及时地找准支配孩子此种心态的原因，并告诉孩子没有谁是生来就会领导人的，帮孩子树立信心，并多方面入手培养孩子的各种品质。

教子处方

让孩子在其兴趣范围内争取领导地位

孩子的领导能力是需要培养的。有些家长可能会说：哪里有那么多的机会让孩子锻炼领导能力呢？其实机会是无处不在的，关键是需要有善于发现的眼光。让孩子锻炼自己的能力，并不一定要让孩子当上班长、学习委员等，可以让孩子在其兴趣范围内去努力争取领导地位。比如孩子喜欢踢足球，可以让孩子主动争取球队队长的职位等。其实能不能争取成功是次要的，关键是孩子可以在正确的过程中学会表现自己，并提高各方面的能力，因此家长要注意端正孩子的态度，否则很容易因为偏执而陷入追逐名利的误区。

除了给孩子寻找机会以外，家长还应该做些什么呢？

1.做孩子的支持者

当孩子的机会来临而又因为对自身的能力有所怀疑的时候，家长可通过对孩子的支持鼓励坚定孩子的信心。家长可以这样对孩子说：“你有这样的机会就已经证明了你的能力，现在你只需要想着如何运用自己的能力就可以了。”孩子在得到家长对自己能力的认可之后便会打消顾虑，勇敢去做。

2.转移孩子对失败的注意力

家长可以引导孩子充分地想象成功以后的场景，让孩子的身心因为喜悦而处于一个最佳的状态。由于情绪状态直接关系到能力的发挥水平，因此通过转移注意力的方法来调整状态是一个不错的方法。

3.让孩子坚定自己的梦想

心怀憧憬的人对自己的梦想是一种仰望的状态。当孩子能够坚定自己的梦想时，他就踏实地去奋斗，并渴望在梦想领域成为一名佼佼者。因此，家长首先要聆听孩子的梦想，如果不是因为一时冲动而做出的空洞遐想，而是具有实在意义的理想，那家长就要帮助孩子坚定自己的理想，让孩子下定决心朝着目标挺进。这样在拼搏的过程中，孩子的领导能力自然会越来越突出。

以上的三点是帮助孩子冲破胆怯犹疑的藩篱、坚定自己信念的方法。

家长首先要坚定自己培养孩子领导能力的第一步，至于那些优秀领导者所必备的品质的培养方法，则因孩子的品质而异。只要家长有耐心，孩子有信心，相信培养出有组织能力的孩子并不难。

42

不懂得爱：从来不知道关心父母

家长倾诉

有一天，由于突然下阵雨，妈妈下班回家晚了。

回到家里，妈妈见王欣已回来，在看电视，就问：“淋湿了吗？衣服换了没有？”

“我回来得早，没淋湿。我刚洗完澡换的衣服，从阳台的竹竿上收的。”王欣坐在沙发上吃着零食。

妈妈这才记起衣服晾在阳台上忘收了，心想：幸亏儿子回来得早，不然洗好的衣服淋湿了又得返工。

“妈，快做饭吧，我都饿扁了。”王欣催促着。

可待妈妈走到阳台上一看，傻了：竹竿上衣服都在滴水。再仔细一瞧，晾在中间的王欣的裤头、汗衫没有了。原来王欣只是收了自己的衣服，根本没想到把爸爸、妈妈的衣服一起收下来。

专家分析

亲子之间的关爱应该是双向的

有很多家长反应自己的孩子不懂事，只是一味地要求父母为自己付出，从来不懂得表达对父母的关心。这种孩子只知道如何索取爱，却不知道如何向亲人表达爱、付出爱。换句话说就是，这种孩子缺乏感恩之心，不懂得体谅别人，使得亲子之间的爱只是父母对孩子这种单向的模式。

我们知道，爱和责任是相连的。疼爱孩子的父母为了让孩子拥有一个优越的成长环境，努力工作，为孩子毫无怨言地背负起肩上的责任。而不懂得爱的人，往往意识不到自己对亲人的责任，总觉得别人的给予是理所当然的。一个责任意识淡薄的孩子很难成为一个自立的社会人，因为他自己的需要都要靠别人来满足，如何谈自立？因此，让孩子明白这样一个道理很重要，即爱是相互的。

专家指出，爱是一种能力，学会爱能让孩子更加坚强和善良，但是孩子并非天生就懂得如何去爱，他们需要父母的正确引导和示范。但是，我们不难发现，诸多的父母忽视了对孩子这种能力的培养。他们一心只想着将自己的心血倾注到孩子的身上，殊不知这种过于无私的爱于无形之中抽干了能滋润孩子爱的种子萌发生长的水分。

如果孩子不懂得爱，会对孩子产生哪些方面的影响呢？

★助长孩子的任性气焰

习惯了爱的包围，孩子会觉得他人的给予是理所应当的。这种观念的形成往往会使孩子的性格变得越来越偏执，而且易形成单一的思维模式。这种单一的思维模式不仅仅表现在与人相处总要求占据上风，能压制住人，而且还会在其他很多方面带给孩子不利的影响。因为任性的性格由很

多方面的不良情绪构成，比如暴躁、缺乏耐心等等，因此任何单一的情绪被点燃都会带来行为上的偏离。

★使孩子越来越孤立

古人云：受人滴水之恩，必当涌泉相报。在成长的道路上，父母倾注了无限深情，老师付出无数心血，朋友的激励，社会的关爱等都需要孩子怀着一颗感恩的心来回报。但如果不懂得爱，认为接受每一个人对自己的恩惠都是理所当然的，这样的孩子不会去铭记别人对自己的帮助，更不会在心底保留一份感恩之情。情感是以相互交流的方式存在的，如果孩子不明白这样的道理，当他置身于“众叛亲离”的场景之中时，恐怕还是只会埋怨，而不懂得反思自己。

如果孩子内心缺乏爱，不懂得感恩，我们就不能仅仅是把问题所在放在孩子身上，我们的家长也应该反思，自己表达爱的方式是否真的如自己所想的那样“完美”？是不是也应该适当向孩子“索取”些什么？没有爱的训练，就没有完全的心智，就没有对他人感激的心。因此，家长们应重视对孩子爱的能力的训练，让孩子的心智健全起来。

教子处方

家长要学会向孩子“撒娇”

心理学家马斯洛的“自我实现论”强调完美的人性，其内涵是让人关爱、合作的潜能得到充分的发挥。童年感情的正常发展如遇到障碍，长大后就很难向着自我实现的方向发展。也就是说健康的人格意味着既能接受爱，也能给予爱。

因此，要让孩子在自我实现的道路上不被不良的习惯性格所羁绊，家长应重视对孩子进行爱的能力的培养，尊重孩子在家庭中的地位。

那么，具体来说家长应怎么做呢？

1.在孩子面前适当地示弱

处于以自我为中心时期的孩子还没有学会去理解别人的感受。比如说妈妈生病了，孩子尚不知道处于病痛中的妈妈是何感受。如果此时让孩子为病中的父母做些简单的事，对孩子来说是有益的。当孩子用积极的行为表达自己对他人的关爱，并获得接纳和赞美时，爱就开始在他心里生根发芽了。

如何提出让孩子为自己做些简单的事呢？比如当孩子要求生病的妈妈陪自己玩游戏的时候，病中的妈妈可以对孩子说："妈妈也很想陪你一起玩，但你看妈妈生病了，觉得很难受，真希望你能给妈妈倒杯水。"再比如妈妈累了一天回到家里，可以撅着嘴向孩子"撒娇"："宝贝，妈妈好累呀，都没人给妈妈捶捶背。"这样的话语，很容易激起孩子的责任心，使他像个小大人。

归结起来就是，家长应学会在孩子面前适当地示弱，让孩子在为家长"服务"的过程中锻炼自己爱的能力。

2.欣然接受孩子的好意

在现实生活中经常有这样的场景上演：吃饭的时候，妈妈给做了可口的红烧鱼。妈妈把大块的肉都给了孩子，自己吃鱼头。孩子觉得鱼肉好吃，便夹给妈妈吃。妈妈常常会说："真乖，你自己吃吧。妈妈爱吃鱼头，就像你爱吃鱼肉一样。"孩子尚无法理解妈妈的苦心，便会真的认为妈妈喜欢吃鱼头。

实际上，当孩子主动提出让父母分享他喜欢的东西，或者要送给父母东西时，其实是他生活中创造爱的举动。孩子是想通过主动的"给予"来体验自我的生命力，父母不应只在口头上夸奖孩子而在行为上拒绝，孩子会认为父母真的不需要，以后也就不会再有分享的想法了。

其实妈妈可以这样对孩子说："这是给妈妈的？太好了，妈妈也觉得鱼肉很好吃。以后有什么好吃的东西，都和爸爸妈妈一起分享好吗？”父母欣然接受并欣赏孩子送上的东西，会让孩子感觉自己充满力量和自信。

此外，孩子步入校园以后，同样需要在教育环境中锻炼爱的能力。让孩子读书的目的就是为了教育孩子，而教育孩子的核心便是立德。家长要让孩子懂得，只有尊重和关爱他人，才能得到他人的尊重和关爱。

相信，只要给孩子创造机会，让孩子爱的潜能发挥出来，培养一个性格健全的孩子便不是多难的事了。

43

拒绝感恩：觉得对家人不用说谢谢

家长倾诉

由于太慌张，小敏在上楼的时候一不小心摔倒了。顿时，鲜血流了出来。小敏疼得直哭。爸爸看见出血了，抱着小敏就往医院赶。

回来之后，爸爸把小敏抱到床上，来回两趟，还得爬楼梯，累得气喘吁吁。

“小敏想吃什么？”妈妈心疼地问。

“我想吃上次你给我买的草莓蛋糕。”小敏说道。

“那你好好躺着，爸爸去给你买蛋糕，马上就回来。”爸爸放下手中的水杯说。

小敏点了点头。

爸爸很快下楼去给小敏买蛋糕。由于上次的蛋糕是妈妈买的，爸爸不知道具体是哪个商店，就只好在大致的范围内一条街一条街地找。最后终于买到了小敏想吃的蛋糕。

回家之后，守在小敏身边的妈妈看到爸爸累得满头大汗说：“快跟爸爸说声谢谢吧，爸爸多疼你呀。”妈妈说。

“对爸爸才不用说谢谢呢。”说完小敏就开始享受美味了。

专家分析

感恩是美好心灵的守护神

俗话说“滴水之恩，当涌泉相报”，每个人都应该有感恩之心。但有不少家长都反映孩子从来没有对家长的心血表达过感激，这不仅仅是一个简单的礼貌问题，而是一种情感的缺失。那具体又如何来定义感恩呢？“乐于把得到好处的感激呈现出来且回馈他人”这是词典的解释。

感恩之心是一种美好的心理能力，它不仅让孩子懂得回报，也让孩子在感激他人的时候获得了自我幸福感的提升，并维护了宁静的心灵。感恩的品质不是可有可无的装饰品，而是美好心灵的守护神。懂得感恩的人会爱护花草树木，因为它们装点了人间；懂得感恩的人会努力付出，因为自己接收了别人的付出；懂得感恩的人会坦然地面对挫折，因为他将它看成是生活的恩赐……感恩之心能带来这么多的东西，难道还不值得我们去拥有吗？

因此，自立之船在起航之际需要感恩和其他美德一起为其导航。

当家长们发现孩子对自己的付出从来一副无动于衷的样子，并因此抱怨的时候，是否想过背后的原因？

有这么一个故事：有一位妈妈决定准备火锅招待要来家里做客的表姐和她的小女儿。表姐长住在国外，这次恰好带了三岁的女儿回国度假。这位妈妈一番大采购后，就是烦琐的摘、洗、切。女儿文文在客厅里看动画片。快到中午的时候表姐带着女儿天儿到了。天儿一进门，就和文文打闹在一处。两个孩子年龄差不多，很快就玩儿到一起了。但当碗筷摆上了桌，两个孩子之间的差别就显出来了。

天儿很快地在桌边坐好，等着开饭。而文文却在一边专心地玩一块橡皮泥，任妈妈怎么叫就是不挪窝。吃饭时，天儿吃什么都香，自己动手，不要大人帮忙。而文文却要妈妈帮忙拿这个拿那个，闹腾了半天才吃一点青菜就溜走看电视了。天儿则一直乖乖坐在餐桌边，吃完饭后还甜甜地说了声："谢谢姨妈！"然后跑过来吻了姨妈一下，才去玩。

这位妈妈想到如此一桌普通的饭菜、平常的滋味，却收到孩子如此隆重的谢意，一下子觉得自己准备饭菜的种种辛苦都消失了，只剩下被人肯定的快乐。这位妈妈对表姐说："孩子太客气了。"表姐却正色到："不是客气，要从小培养孩子有一颗感恩的心。"

这个故事里有两位小朋友和两位妈妈，故事的背后还有两种不同的教育观念。这位表姐的女儿天儿不仅仅是懂得感恩，其一系列的行为举动将外在的礼貌和内在的修养都表现得很好。其实任何品质都不是独立存在的，虽然它们之间存在着一定的递进关系，但某种意义上来说其实是交融在一起的。就像故事中的文文一样，即使妈妈告诉关于感恩的道理，但孩子仍旧是吃饭要妈妈帮忙、挑剔食物等，她即便会对妈妈说"谢谢"，也并非是真实情感的表露。因此，感恩无法独立存在，要培养孩子的感恩之心还需要家长有一个正确的教育观念，从细节出发规范孩子的行为，让孩子在体验中真正领会感恩的内涵，并将这种品质移植到心灵深处。

教子处方

让孩子重新认识"谢谢"的内涵

童年是塑造性格的重要时期，很多情感都将在孩子的心中以印记的形式存留一生。前苏联教育家苏霍姆林斯基曾说："良好的情感是在童年时期形成的，如果童年蹉跎，失去的将无法弥补。”在童年对孩子进行感恩教育有利于培养孩子的爱心和同情心。若孩子常怀感恩之心，便会要求自己去回报，进而督促自己勤勉向上、与人为善，促进其健康人格的形成。因此，让孩子学会感恩对其一生的发展很重要。

我们应该怎样引导孩子去体味或琐碎或博大的情感，怎样对生活心存感恩之情呢？

1.培养孩子美好的心境

植物的生长需要土壤、阳光和水分，同样，一种情感也需要某种心境来提供滋养。那美好的心境又从何而来呢？让孩子亲近大自然吧。节假日，经常带孩子到郊外走走，感受风的声音、阳光的温度还有花儿芬芳，它们虽是无形，却在无形之中为孩子的心灵世界涂抹了几抹亮色……秋天的时候让孩子到田野之中欣赏硕果累累的景象，冬日在雪地的奔跑追逐之中驱走严寒……当孩子从大自然中感受到了生活的斑斓，其心境也就达到了美好的状态。孩子会开始感恩大自然中的一切，那此时，孩子还有什么理由不去感恩呢？

2.让孩子习惯说“谢谢”

如果妈妈送给了孩子一份生日礼物，爸爸就要提醒孩子说“谢谢”；当孩子成绩进步时，告诉孩子对教导自己的老师说“谢谢”；生病后对帮助自己补习功课的同学说“谢谢”……好的习惯是一种巨大的力量，对美好品质的塑造具有重大的推动作用。

3.让孩子知道劳动的辛苦

有些孩子之所以不懂得感恩，是觉得别人的付出不值得自己表示感谢。比如让孩子去体验一下从买菜做饭，到最后收拾饭桌的过程，孩子会懂得妈妈在无数个日月中付出了多少辛劳，懂得向妈妈表达感恩。再比如当孩子走在干净的马路上时，家长可将清洁工人无论严寒酷暑，天不亮就要推着清洁车扫地的事例讲给孩子听，让孩子对清洁工人心存感恩等。

感恩之情就如同涓涓细流一般滋润着每个人的心田，缺失了这样的感情，等待孩子的是心灵的干涸。这样的孩子既不爱人，也不自爱，也根本谈不上自立。因此，请家长们给孩子一个感恩的童年吧。

44

不敢表现：私底下做得却很好

家长倾诉

于淼比较内向，不爱说话，也不善表现自己，平时学校有什么公开表演的节目她都不敢参加。

上星期学校举行了一个歌唱比赛，妈妈鼓励于淼报名，因为妈妈知道于淼歌唱得很好听。报了名之后，于淼天天在家练习，妈妈觉得她唱得非常好。

可是，第二天就要比赛了，于淼临睡前却一再请求妈妈：“妈妈，我明天不想参加歌唱比赛了。”

妈妈问她为什么，她说她唱得不好。妈妈说：“别的同学也不是专业唱歌的呀，你已经唱得很好了。”再问要不要参加，还说不要，说不敢在很多老师同学面前表现。

妈妈很迷惑，于淼性格很开朗的，在家什么都敢的，而且做得很好，为什么在学校就不敢表现自己呢？

专家分析

不善表达的孩子往往错失机会

让孩子在众人面前侃侃而谈、语言优美是许多家长的渴望，但是有些孩子却并不能收放自如。想想看，在生活中，你是否有过以下的经历？是不是常常在一次次交流的公众场合，为孩子没能完全表达出思想而感到有些遗憾？是不是常常对能言善辩的孩子感到羡慕，因自己孩子的语言贫乏，不善辞令感到低人一等？

在孩子的成长中，当众讲话是机遇，更是挑战。每逢这时，许多孩子心跳、脸红、不知说什么或者怎么说。口才生涩造成表达欠缺不完整，沟通和交往陷入尴尬境地，导致个人魅力受损，机会也就一闪而逝。

在社会工作与交往中的多次失败使家长们逐渐明白了：只会干，不会说，已经不符合当今社会发展的潮流。机会是均等的，但是善于把握机会并且能够成功的人却是不多的。那些善于表达和与人沟通的人就紧紧抓住了机会，在第一时间内表现出自己的聪明才干。

有些孩子害怕在众人面前讲话，其原因大致有以下几点：

一是生理心理的因素。体弱多病，动作迟缓，外貌体态上有缺陷等先天不足的因素，常常会使孩子在生活中受到冷落，久而久之孩子就会感到心理压抑，逐渐形成一种自卑感，在人多时不敢露面，更谈不上当众讲话了。

二是有的孩子并无生理缺陷，但其神经类型造成他郁郁寡欢。

三是家庭因素。家长专制、粗暴、冷淡、歧视甚至打骂孩子，孩子就会孤僻。

怎样帮助孩子在众人面前大胆地表达自己的意愿呢？

对待第一种类型的孩子，家长应在情感方面给予他们加倍的关心与爱护，及时发现孩子身上的闪光点加以鼓励和赞扬，特别注意在众人面前列举他们的优点，并给他们讲一讲有关保尔、吴运铎、张海迪等人物的故事，帮助他们树立自信心，让孩子感到大家都很关心他、爱护他，这样孩子在众人面前也就敢于表达自己的情感、愿望和要求了。

对于第二种类型的孩子，虽是神经类型造成他们的郁郁寡欢，但家长应给予矫治，鼓励孩子积极参加活动，有问题和有自己的见解后勇于说出来，这样各方面才能受到锻炼。

第三种类型纯属环境的影响，矫治的办法是家长应首先亲近孩子，与孩子建立感情，切忌对孩子管制多、批评多、禁令多，即使是孩子有了错误，也要弄清楚，然后再决定批评的方式方法。

此外，家长要明白，孩子有善于表现自我才能的天性，特别是在有外人的时候，更是乐于表现自己的拿手好戏。当孩子在尽情地自我表现时，有时会惹得家长心烦，于是就会对孩子加以指责并阻止。这是养育孩子的大忌。鼓励孩子勇于表现自己，会提高孩子的语言表达与交际能力，从而使孩子获得更多的机会。

教子处方

让孩子有机会发现自己，证明自己

心理学研究证明，人都有各自潜在的天赋与才能，如果不及早地发现，自觉地加以培养、发展，就可能被埋没，有时连他本人都不知道。因此，做家长的要创造条件，让孩子有机会去从事多方面的活动，使他们的各种天赋和才能得以充分地表现，取得优异的成绩，从而自己发现、认识自己，建立起对自己的信心。

有的孩子往往会做一些看来十分莽撞、荒唐的事情，这与其说是为了在别人面前显示自己，不如说是为了在自己面前肯定自己。“我连这样的事都不敢去做，岂不成了个胆小鬼”。这是出于孩子检验自己是否具备勇敢、坚强品质的心理需要，也是现今孩子囿于生活范围狭小，难以在正常的环境和广泛的活动中检验自己的结果。对此家长要给予理解，并尽可能地创造条件，让他们有机会发现自己的才能，证明自己的能力，肯定自身的价值，建立起对自己的信心。

1.扩大交际和接触面

一般来说，怯于表现的孩子面对众多目光只是觉得不安，并非讨厌赞美和掌声，您只要看看他们投向同伴的目光就知道了。因此，家长应有意识地扩大孩子的接触面，让孩子经常面对陌生的人与环境，逐渐减轻不安心理。闲暇时，带孩子和邻居聊上几句，帮孩子与同龄朋友一起玩耍，建立友谊；购物时甚至可以让孩子帮忙付钱；经常到同事、亲戚家串门；节假日，一家三口背上行囊去旅游，让孩子置身于川流不息的游客潮中……随着见识的增长，孩子面对别人的目光时，便会多几分坦然。

2.培养孩子广泛的阅读兴趣

家长应该培养孩子广泛的阅读兴趣，使每个孩子都有自己特别喜爱的书，建立起自己的小书架。要引导孩子利用课余时间读报纸杂志，欣赏古今文学艺术名著和电影、戏剧、音乐、歌舞，学唱各种优秀歌曲。要知道，优秀的文学艺术作品是导师、挚友和亲人，它会充实人的生活，陶冶人的性情，磨炼人的意志，洗涤人的心灵。苦闷时，它会给人以慰藉；孤独时，它会给人以友谊；消沉时，它会激励人奋进；骄傲时，它会提醒人谨慎。如果孩子有了这一切，建立起了自己丰富的精神储备，培养起了广泛的阅读兴趣和高度的艺术鉴赏水平，那么，孩子就有了金刚之躯，低级、庸俗、邪恶的东西就再也无法近身。

3.对特长加以鼓励

孩子怯于表现的原因还可能是缺乏自信，担心无法获得赞赏。因此，找出孩子的特长并由此树立信心就显得格外重要了。通过唱歌、跳舞、数数、背诵古诗、讲故事、画画、模仿等形式挖掘和培养孩子在这方面的能力，先创造机会让他在家人面前展示，加以热情鼓励，树立信心。当孩子为得到赞赏兴奋不已时，家长可以趁机说："宝宝唱得这么好，小朋友们肯定喜欢听！""邻居还以为我们家有一只百灵鸟呢，下次唱给大家听吧！"即使孩子一时还不能痛快地接受提议也不要紧，至少心里会很自信。

4.创造机会尝试表演

有了家长的肯定，如果再加上外人广泛的认可，孩子的自信心会得到强化。带孩子走出小家，鼓励他迎着外人的目光勇敢地展示自己，这个过程可能较长，孩子的表现也会有反复，家长应有充分的心理准备。不妨先从孩子较为熟悉的环境入手，亲友聚会是个不错的选择，面对熟识的人孩子会比较放松。比如家长可以看准时机，轻声对孩子说："今天是外婆的生日，如果为外婆唱首歌，她一定特别高兴。"甚至可以来点儿物质刺激："如果今天宝宝为大家唱一首歌，商店里的毛毛熊也一定愿意到我们家来跟你学唱歌。"要注意的是，此时家长的声音一定要小，不一定非得当众大声宣布，要给孩子留有余地，众人期盼的目光或是善意的笑声都有可能加重孩子的排斥心理。如果孩子还是拒绝，家长不要再施加压力，给孩子个台阶下："是不是今天没有准备好呀？那下次准备好时再唱吧。"同时，为了减轻孩子的负面情绪，还可以给他一个微笑或拥抱，或找出别的理由对孩子进行肯定："今天来的小朋友中，你表现得最好！"

45

缺乏怀疑精神：没有自己的思考和判断

家长倾诉

吃过晚饭，爸爸妈妈都在客厅看电视。不知道冬冬自己在玩什么，一点动静也没有。

“冬冬，快过来，有好看的动画片！”妈妈喊道。

“我不看了，我给花儿施肥呢！”冬冬说道。

爸爸妈妈听冬冬这么说都感到十分好奇，便过去想看个究竟。

“天呐！你这是干什么呢？”妈妈看到冬冬正把白花花的食盐一把一把地放到花盆中。

“今天老师说植物生长需要无机盐，我问贝贝什么是无机盐，她说就是家里吃的盐，我就想让花儿‘吃’点盐嘛……”冬冬看着妈妈生气的表情，声音越来越低……

专家分析

有怀疑才能有判断

古今中外有许多科学家都在怀疑中做出了重大的贡献。当牛顿还是一个少年的时候，看到苹果从树上掉下来，没有像其他人一样当成是见惯不怪的现象，而是提出一个疑问“苹果为什么不是冲到空中，而是落到地上呢？”就是这样一个在当时人开来是荒诞不经的问题，使得牛顿最终发现了“万有引力定律”，成为人类历史上最伟大的科学家之一。这样的例子还有很多，而且不仅仅只体现在科学领域。

怀疑是一种精神，一种态度，只有怀疑才能判断和论定。也唯有怀疑才能思考和学习，也唯有怀疑，才有可能发现事物现象背后的本质。也只有在此之后，才会踏上解决问题的征程。如果没有怀疑，那么只能被动地接受，接受的东西如果不是自己完全了解的东西，就很可能导致一种接受的盲目，也就有可能无意或无形中接受了一种谬误。自立的人如果缺少了怀疑精神，难为成为一个只有自立意志，但事实上却在被动地跟随别人脚步的人。因此，要自立，首先让自己学会怀疑。

为什么有的孩子不敢怀疑、不会怀疑呢？

★“前辈”的权威使孩子“甘于”顺从

有很多家长的对孩子的要求过分苛刻，孩子一旦提出相悖的意见就会付出一定的“代价”，时间长了，孩子怀疑的棱角自然会逐渐被磨平。

★教学模式存在弊端

在传统的“喂养”教学中，老师将解题的思路传达出并要求学生严格按此思考，做实验也是按照提前已经安排好的设计进行。这样一来，孩子便产生了懒于提出新问题、新设想的依赖心理。孩子的科学怀疑精神因为找不到适宜萌发的土壤而渐渐消磨，好问的天性也因为经常处于被压抑的状态而渐渐枯萎。

★孩子对自己的怀疑缺乏足够的自信

怀疑精神产生的初衷就来自于对常规的否定，而所谓常规又是为人们所普遍认可的。因此孩子如果缺乏足够的自信会顾及到提出怀疑后的种种后果，如担心别人会向自己投出异样的目光或遭到同学的嘲笑以及被老师冷落等等。当孩子沉湎于自我否定之时，难免对自己的认知、记忆、思维以及言语、操作等活动抱着消极心理，最初的怀疑精神也慢慢消失殆尽了。

今后的社会，工作的内容不是一律地服从，服从体现在对纪律的遵守是一种正确的态度。但工作能力的体现还是需要怀疑精神来打头，以自己的方式创造性地解决问题。如果解决问任何题的步骤都需要别人一步一步地详细交代的话，显然有违自立的要求。

如果孩子尚没有怀疑的精神，那就告诉孩子大胆地去怀疑；当孩子提出怀疑时，要尊重孩子的怀疑精神，让这种精神从幼稚逐步走向成熟。

教子处方

让怀疑精神成为孩子进步的阶梯

人类现在所掌握的知识并不都是正确的，或者说并不永远都是正确。即使真理的成立也需要一定的前提条件，随着条件的改变和人类认识能力的不断加强，真理也可能会变成谬误。可以说，时间是最好的冲刷剂，它可以筛选掉那些经不起时间考验的知识，从而使正确的知识传承下去，造福人类。如此，人类才不断地进步，文明也才不停地升级。而在这样一个不断前进的过程中，人的怀疑精神无疑是最为关键的因素之一。没有对旧事物怀疑，也就没有新事物的诞生。而孩子的成长，也需要怀疑精神的阶梯。

家长应如何培养孩子的怀疑精神呢?

1.转变观念，激励孩子敢于怀疑

有些孩子担心自己的怀疑会为自己招致不好的后果，于是不敢怀疑。家长在平常的生活中对孩子离奇的提问要重视起来，另外老师也应该为学生营造一个自由、民主的学习氛围，让孩子知道无论自己的想法如何都会受到尊重。

有这么一个故事：一个心理专家对某个班的学生进行了一次找错误的英语测验。专家让老师发给学生们每人三份试卷，然后告诉学生标号“一”的试卷上有五处错误，标号“二”的试卷上有十处错误，标号“三”的试卷上有十五处错误。老师同时提醒学生要仔细地找错误。但实际上三份试卷都只有五处错误，老师的后两个指示本身就是错误的。测验的结果是班上的学生由于过于“认真”，甚至把对的单词都改错了。这个故事向我们传达了一个道理：真理面前没有所谓的权威，人人都是平等的。

家长和老师都应该让孩子明白他们拥有怀疑的权力，并且他们的怀疑会得到尊重。只要这样，孩子才能够将精力集中于自己所怀疑的问题上，而不是前后顾虑如何提出自己的疑问。

2.让孩子重视实践

俗话说：实践出真知。当孩子有所怀疑的时候，家长应鼓励孩子通过实践来检验自己的怀疑。让孩子的思维不仅仅停留在事物的表象，而是通过试验等方式进一步地接近本质。怀疑精神是一个良好的起点，在“提出问题——研究问题——发现新问题——继续研究……解决问题”这样一个螺旋前进的过程中，孩子的探索能力、思维方式都会增强，其怀疑的态度也会更加严谨认真。

最后要提醒家长，当孩子因为最后的怀疑没有被证实时，要注意及时打消孩子的消极情绪。可以向孩子讲一个科学家的故事，他们的成功都是在经历了无数次的失败之后才换来的。告诉怀疑的过程本身就是一个进步的过程，只有这样孩子怀疑的兴致才不致陷入低谷，甚至是再也无法提起来。

怀疑是孩子正确认识世界的通道，怀疑同时也孕育着信心和个性的独立。因此，保护孩子的怀疑精神每一位渴望孩子走向自立的家长都应该做到的。

46

不合群：喜欢自己待着，觉得和别人玩没意思

家长倾诉

最近小洁的班主任总跟妈妈反映，说小洁不合群，下课后，别的同学都三三两两地结伴做游戏，小洁就喜欢一个人坐在教室里。同学叫她玩，她也会去，但去了就愣愣地站在一边，一点都不活跃。

一开始妈妈没在意，觉得小洁转学才半年，可能跟同学不熟悉。还有就是，小洁特别爱画画儿。在妈妈的印象中，爱画画的女孩一般都比较文静，不喜欢打打闹闹。所以，妈妈觉得小洁适应了新环境就好了，应该不会有别的问题。

直到有一天，小洁亲口告诉妈妈："妈妈，我不喜欢和别人玩儿，我觉得没意思。"妈妈才意识到问题的严重性。

专家分析

“不合群”将直接影响以后的人际交往能力

大部分孩子刚开始接触集体生活的时候都会有一段或长或短过渡时期，这是正常的，但如果一直沉默寡言，不能融入集体活动，总是站在一边观望，或木讷呆滞，像个“小受气包”，那就是典型的不合群了。

孩子有这种表现，家长要用积极的行动去改变他，否则孩子在成长过程中会有性格孤僻、胆小等不良心理表现，影响孩子身体健康。大量调查表明，合群的孩子在知识范围、语言表达能力、人际交往能力等方面均明显优于性格孤僻、不爱交往的儿童。

同时，我们知道人际因素无论是对个人能力的施展还是发展空间的拓展来说都是十分重要的。因此，当孩子有“不合群”的表现时，家长一定要认真对待，及时找出原因，让孩子从集体生活中收获乐趣。

当然，不合群的孩子并不都是性格内向、沉默寡言的，有些孩子过分调皮，总是给别人惹麻烦也会引起别人的反感，从而成为“不合群”的一员。但是我们不难发现，两种类型的孩子在与集体疏离的过程中，分别扮演着主动和被动两种截然不同的角色。

对于被动疏离的孩子，家长或老师可利用孩子的“从众心理”，告诉孩子“如果你总是这样，就没有小朋友和你玩儿了”。由于这样的孩子本来就不排斥集体生活，只不过由于个性的原因造成他人对自己的排斥，只要行为上有所收敛，“不合群”的现象并不难扭转。

而对于扮演主动角色的孩子来说，要让孩子愉快地融入集体就需要他自身首先突破心底的防线。否则即使外面的世界再喧嚣热闹，对于紧闭心门的孩子来说也没什么意义。

究竟是什么导致“沉浸”在自我的世界内，“两耳不闻窗外事”呢？

★生活环境的影响

不少人都知道“狼孩”的故事，当然这是一个十分极端地例子，但它充分说明了环境带给人的影响之大。现代大部分孩子都居住在单元楼里，楼上楼下邻里之间很少打交道。孩子的活动空间被固定到了狭小的房间，但同时，孩子通过电视、连环画等途径来认识世界。当现实无法成全孩子从这些途径中获取的信息时，他们便会在孩子的头脑中构筑一个“新世界”。

这样一来，当孩子沉浸在了自我的世界无法自拔的时候，便会对真实的世界产生抵触，从而主动疏离周遭的人群。

★家教不当导致孩子不合群

家教不当也分以下情况:

首先是过分溺爱。这是当前家庭教育最常见的弊病。在家长的溺爱包围中成为起来的孩容易凡事以自我为中心，不愿服从别人。当他们步入学校环境之后，就不愿服从同学的意愿，一旦有同学与其意愿相违背，心里就会受不了。家长溺爱孩子，还体现在过分保护和关心孩子上，他们不让孩子与其他“坏孩子”来往，事事代为安排。这样教育出来的孩子往往或是急躁、自我控制能力差，或是胆小、懦弱，不受同伴欢迎。

另一方面，家长过度赏识也会导致孩子不合群。家长没有分寸的夸奖会导致孩子的优越心理不断膨胀，从而漠视外界的一切，成为孤芳自赏的人。

此外，父母过于严肃也是导致孩子不合群的原因。一些初为父母者，由于缺乏教育孩子的经验，望子成龙之心过于急切，常常出现管教过严的情形。这些父母很少以和蔼、友善的态度接近孩子，孩子也就很难学会用友善的态度去对待别人，博得他人的喜欢。

不合群的孩子往往情感脆弱，遭遇挫折时更会有“孤军奋战”的孤独感。因此让孩子从小与周遭的孩子打成一片，可以使孩子从小就不惧怕与人打交道，从而为以后良好的人际相处能力打下牢固的基础。

教子处方

让孩子走出封闭的自我世界

培养孩子合群实际上是培养孩子健全性格的一个方面。因为我们可以想象，一个性格开朗、善解人意的孩子要融入到集体并不是一件难事。因此，家长应从小就创造各种机会，让孩子的心灵之窗敞亮，唯有孩子被外界的活力和新鲜事物所深深吸引的时候。孩子才会踏出自己的脚步，开始与人、与事的对话。

由于环境因素在孩子的性格塑造过程中起着极为关键的作用，因此，家长应尽量给孩子营造一个合适的空间。当然，这并不是说让家长改变居住的具体位置，或每天带着孩子四处游走与人打交道，而是充分地调动可以利用的因素来丰富孩子的视野，消除孩子独处的落寞情绪。家长可以采取这样的方法：

1.让孩子在心理认同自己是集体的一员

有些孩子在上幼儿园之前，很少与陌生人接触，便会在陌生的环境中将自己置于集体之外。此时，父母在孩子的穿着、言谈、举止、生活习惯等方面应设法与周围的孩子保持一致，减少孩子因为与众不同而产生不自在的感觉。

2.让孩子学会接受别人的邀请

如果发现孩子在别人邀请自己的时候有抵触情绪，家长应鼓励孩子勇敢地接受邀请，并告诉孩子随随便便地拒绝别人的邀请是不礼貌的。家长可有意地安排一些性格开朗的孩子来与自己的孩子玩耍，让孩子在游戏的过程中慢慢地消除抵触情绪。同时，可让对方表达对孩子某些优点的认同，让孩子感受到自己在别人心中的价值。这样可以让孩子有动力使自己在玩伴面前表现得更出色，从而融入集体。

3.让孩子主动邀请别人

如果孩子一开始并不愿意主动邀请同学玩，可以让孩子先接受别人的邀请。然后告诉孩子，回请别人是与人相处的方式，是十分必要的。家长应为孩子们提供游戏的场所和他们感兴趣的玩具，并应不厌其烦地、热情地鼓励孩子并和他们一起玩。

要注意的是，矫正孩子不合群的性格不是一朝一夕就可以成就的事，因此家长必须强化孩子“接受邀请”和“邀请别人”的行为。当孩子因为独处觉得无聊的时候，就建议孩子去找伙伴们一起玩耍。

另外，还可以让孩子与一些兴趣相仿的孩子多接触，两个人有了共同的话题，便很容易发展成为要好的朋友。再加上情绪的连带作用，慢慢地，孩子就会发现原来自己构筑在脑海里的美好世界，其实就在自己的身边。

47

害怕竞争：在集体活动中遇到竞争就逃避

家长倾诉

小菲上小学三年级了。

这天老师宣布要举行一场拔河比赛，全班分成四个小组。先是两两进行比赛，胜出的两组进行最后的决赛。最后胜出的小组还有奖励。

同学们听完后都十分期待，老师按照座位把全班划成了四个方块，每一个方块就是一个小组。看着别的同学兴高采烈的样子，小菲觉得很没意思，因为她一向都不愿参加竞争激烈的活动，特别是集体活动，觉得如果输了很影响心情。

分完组老师让同学们到操场集合，别的同学欢快地向操场跑去了，小菲却慢吞吞地磨蹭着。

“小菲快点走呀！”老师招呼道。

“老师，我肚子疼，能不能不参加呀？”小菲借口道。

“要紧吗？要不老师先送你到医务室？”老师关心地问道。

“没事老师，我坐着就没事了。”小菲说。

等老师走后，小菲独自坐在教室里，这才觉得十分放松。

专家分析

竞争和合作是相辅相成的

当今的社会是充满竞争的社会，随着社会的不断进步，竞争的激烈程度也会越来越强。有的家长对竞争缺乏全面的理解，他们往往将其理解为个人与个人之间的对决，而忽视了每个人并不是独立存在的，而总是存在于一定的社会关系之中，与人相关联而存在的。也就是说，前进的路并不都是独木桥，如果“竞争”只是人与人之间对“独木桥”的争夺之战的话，恐怕社会秩序就难以维系了。

人与人之间的确存在竞争，但其竞争的环境和方式都是合理的。在很多时候，个人要通过与他人的合作来不断提高自己的能力，也只有这样才能使自己在竞争的过程中更具优势。试想一下，一个能力很突出的人不懂得与人合作，并且因为自己的自负影响了整个团队的效益，那这个人算是一个成功的人吗？会赢得别人的信服吗？答案是否定的。

自立是一种优秀的品质，它并不是指将自己置于集体之外“单枪匹马”地去战斗，恰恰相反，自立的人有着谦卑的学习态度，并懂得借助别人的力量来更好地施展自己的才华。

因此，让孩子从小学会与人合作，在合作中竞争，在竞争中合作，让他明白自己作为集体一员的责任并从中体会到快乐是十分必要的。那又是什么让有些孩子对与人合作产生抵触心理呢？

★家长对“出众”的过分强调

有些家长十分注重对孩子个性的培养，希望孩子成为其所在群体中最具锋芒的一个。于是便通过培养孩子的一门特长、让孩子的衣服光鲜等方

式来凸显孩子的与众不同。表面来看，这么做的确能达到让孩子引人注目的目的。但这种做法的初衷是不够明智的，孩子的个性并不体现外在，内在的修养等因素都可以成为孩子性格中的亮点，从而赢得别人的认可。家长过分地强调“出众”会助长孩子的自负情绪，使得孩子以从俯视的角度来看待周围的人与事物。这样一来，孩子会潜意识地在自己与同龄人之间划出一道分界线，从而滋生不愿与人合作的情绪。

★家长对孩子的过分溺爱

很多家长从来不让孩子动手去做家务，许多本该由孩子自己去做的事情像是收拾自己的房间等也帮忙“代劳”。这样一来，孩子不仅无法意识到自己座位家庭一员应该承担的责任，而且难免因为家长的溺爱而滋生任性的情绪。而与人合作的过程既是一个承担责任的过程，也是一个与人交往的过程。既没有责任感，又只顾满足自己的需求，想要顺利完成与人的合作恐怕不是易事。时间长了，难免会对与人合作产生抵触情绪。

因此，家长还是应该选择正确的教育方式，注重对孩子个性的培养并没有错，但同时也要注意让孩子的心态保持平和。同时，家长还要注重对孩子责任感以及交际能力的培养。

教子处方

家庭生活是孩子学习合作与竞争的摇篮

家庭对孩子的培养直接关系到孩子步入校园之后的表现。从广义上来说，合作不仅仅是指团体之间通过保证各个环节的畅通无阻来共同保证某一次具体活动的顺利完成，另外还体现在人们之间的相处之中。比方说两个要好的朋友之间从某种程度来说就是一种合作关系，因为这种关系的建立需要彼此的信任、相互的了解等，这些合作成立所需要的前提。因此，家长应学会教育孩子与自己愉快“合作”，培养孩子与人合作所需的各种素质。

家长具体应怎么做呢？

1.营造和谐的家庭氛围

合作的氛围应该是一种和谐的状态。如果夫妻之间经常争执，肯定会打破家庭的和谐氛围，这样一来，孩子最先感受到人际合作是父母的不良合作，难免会觉得两个人的世界都如此波澜不平，那集体肯定是一种更加混乱的状态，从而心理蒙上一层阴影。

因此，家长一定要注意自己的言行，因为它们都印在了孩子的视野以至脑海之中，并对孩子有着极大的影响。

2.让孩子在家庭活动中承担一部分责任

先来看一位家长教育孩子学习合作的故事：

周末，双胞胎梁梁和栋栋的父母要带他们去野餐。临行的前一天，一家四口人商量该如何进行准备，最后是这样安排的：妈妈负责去超市买食品，爸爸准备烤肉的炉子，梁梁负责准备所有餐具，栋栋负责准备调料。爸爸提醒兄弟俩各自列出一个单子，以免有什么遗漏。梁梁听取爸爸的建议很快列出了单子，一边准备一边思考单子上所列的餐具是否齐全；而栋栋则看起了动画片。

爸爸提醒栋栋带齐调料，栋栋眼睛盯着电视屏幕说道：“放心吧！我保证完成任务！”爸爸不大相信他会准备齐全，想自己来做，转念一想决定让栋栋通过这次野餐意识到自己的失职会来带什么影响，从而端正自己的合作态度。于是爸爸没再说什么。看完动画片，栋栋到厨房里捣鼓了一会儿就睡觉了。

第二天到达野餐的地点之后，大家开始准备午餐。等肉烤熟后，开始往烤肉上倒调料。“栋栋，烤肉汁在哪里？”妈妈问道。栋栋伸手到装调料瓶的袋子里去找，怎么也找不到。“我记得我放进去了，怎么会没有？”

栋栋自顾自地说道。“我不是提醒你先列一个单子吗？”“我没有列单子，我记得我把所有的调料都拿出来了。”栋栋又翻了一遍，大家都在那里等着。栋栋最终没有找到烤肉汁，惭愧地低下了头。

栋栋爸爸选择不参与的方式是明智的。一次野炊的不完美并不重要，但如果缺失了合作应有的责任意识则会对个人的成长有很大的影响。因此，家长首先给孩子去负责的机会，并根据他们的表现给予批评或表扬，让他们意识到自己所负的责任是家庭链条正常运转的重要环节，从而认真地去完成自己该做的事。

3.让孩子在游戏中学会合作与竞争

游戏可以说是孩子的重要课目，它是一种对社会活动的模仿，深受孩子喜爱，因而也就能起到很好的教育效果。家长可通过游戏有意识培养孩子团结协作与竞争的精神。比如，将孩子分成几个小组，选择需要互助合作才能完成的游戏让孩子比赛。赛完后分析获胜和失败的原因，让孩子知道集体的利益高于个人的利益，而集体的利益是需要通过成员之间的相互合作才能实现的。

相信，一个从小就懂得与他人合作愉快，与小伙伴合作愉快，同时明白合作能壮大自身的力量，使自己更具竞争力的孩子，在长大以后同样能与他人合作愉快，收获更大的喜悦与幸福。

48

拖拖拉拉：能拖到明天绝不今天完成

家长倾诉

微微是个很让妈妈头疼的孩子，也没有什么大的毛病，就是做事拖拖拉拉，能拖多久就拖多久。这不，从早上起床开始，就磨蹭上了。

“微微，快起床，要不该迟到了！”妈妈一边准备早饭一边催微微快起床。

可微微的脑袋还埋在被窝里不肯露出来。

好不容易起来了，却趴在床上和自己的“大熊宝宝”玩起游戏来。

最后还是妈妈硬把把微微从床上揪了下来。之后光是洗脸、刷牙又花去好大一会儿时间，早饭都快凉了。

“妈妈，昨天晚上我做了一个特别神奇的梦……”微微一边往嘴里塞着面包片一边还念叨着。

“放学回来再跟妈妈讲，赶快吃饭吧，不然要迟到了！”妈妈在一边继续催促着。

最后妈妈还是等她把做的梦说完了，她才肯背上书包。可是妈妈看了看表，已经迟到好一会儿了。

专家分析

找对孩子磨蹭的病根儿，才能从根本上解决问题

许多父母都有着这样的苦恼：孩子动作太慢，效率很低，做起事情磨磨蹭蹭，尤其是穿衣服和吃饭等生活自理方面，显得极为磨蹭。这样的孩子往往自立能力都很差，因为较强的自立能力都是建立在处事讲求效率的基础之上。

幼儿期是孩子肢体动作发展的重要时期。动作缓慢的孩子往往有不灵活、不协调的行为表现，这会影响其今后的身体和智力发展。上学之后，如果做作业的速度太慢，就会影响学习、休息和正常的娱乐活动；考试的时候动作太慢，往往还没有做完就到了交卷的时间，会做的题也没时间做；运动的时候动作太慢，往往就不能战胜对手，让别人领先……这些都会使孩子承受巨大的心理压力。

如果家长发现自己的孩子凡事都拖拉，就应该对造成孩子现状的原因给予足够的重视。造成孩子做事不利索的原因有多种：

★缺乏责任感

表面上看，孩子做事磨蹭，是缺少时间观念。实际上是因为他意识不到自己磨蹭会有什么后果，有时即使意识到了也觉得无关紧要。这其实是一种不负责任的表现，他没有想到过为自己的行为承担后果，因此才不自觉地拖拖拉拉。而要上班的父母早上总是会尽快地赶到公司，是因为他们知道如果迟到就要承担后果，这种后果没有任何人可以替他们承担，只能自己负责。

★动作不熟练

有时孩子磨蹭不是孩子故意的，而是因为他对所做的某件事动作不熟练、缺少操作的技巧。孩子就是孩子，他的思维能力和身体协调能力尚处在发育之中，他在做事情时可能不知道如何安排做事的先后顺序，如何以较少的时间来做更多的事情；也可能没有掌握好穿衣、洗漱等的基本技巧，比较“手笨”；还可能在做作业时对知识掌握得不牢，许多题目做起来很困难。

★注意力涣散

从事例中可以看出，微微这个孩子在起床的过程中没有专心地想着穿衣服，而是把注意力放在了身边的玩具上。吃饭的时候又不能专心吃饭，而是一心要讲前一天晚上做的梦等等。可见，注意力的不集中是造成孩子做事缓慢的直接因素。

★行为调控方式不成熟

孩子的心理发展还不成熟，对行为的反思、监控和调节能力还很弱。因此，对于自己的行为是什么样子、应该是什么样子，他们缺乏明确的认识，无法作出合理的调节。也就是说，他们并不知道自己在磨蹭，即使被提醒了也很难及时纠正。

★受生活环境的影响

儿童特有的心理特征决定了他们很容易受外界信息的影响，因此环境对孩子某些习性的形成有很大的作用。比方说有的家庭会经常出现这样的情况：爸爸很爱抽烟，妈妈经常劝他戒烟。爸爸嘴上连连称是，可是一个月过去了，一年过去了，爸爸该抽还是抽。妈妈再提起来的时候，爸爸还是以“我正戒着呢”来搪塞。而在孩子的意识中，他可能就觉得爸爸做事这么磨蹭，为什么还要求自己做事快呢？

另外，还有一些生理上的因素，即所谓的“生来就是慢性子”这样的说法。这虽不不无道理，但这样的孩子毕竟是少数。大部分家长还是应该认真分析孩子做事磨蹭的原因，然后通过培养孩子的执行力，让孩子从观念到行动有一个整体的提高。

教子处方

想让孩子行动快起来，先让孩子的脑子快起来

想让孩子的行动快起来，必须先让孩子的脑子快起来。这里所说的让孩子的脑子快起来有两方面的含义：一是让孩子意识到别人说自己“快”是对自己的夸奖，让孩子打心里愿意快；另一方面是使孩子的反应灵敏度足够高，能支配自己的行为使其快起来。

基于以上两点，父母可采取以下对策：

1. 让孩子“快人一步”获得成就感

有人用“老虎紧追到脚跟，还要回头辨雌雄”来形容那些没有时间观念、做事磨蹭急人的人，而恰恰现实中有些孩子就属于这种类型。对于这种孩子，家长可以硬性地给他规定一些事情，以某些奖励来鼓励他按时完成。

另外，还可以通过和孩子玩游戏来训练孩子在短时间内的执行力。比如爸爸和孩子同时听妈妈发出口令，看谁能在最短的时间内将动作完成。这样可以集中孩子的注意力，让他尽快地活动自己的手脚将事做完。爸爸可以故意输给孩子，让孩子能从“快别人一步”中获得成就感。

2. 让孩子在某一时间段内专心做一件事

很多孩子往往做着这件事，想着那件事，学习的时候还不忘摆弄玩具，注意力当然无法集中。家长需要让孩子明白，在一定的时间段内应该专心做一件事。家长可采取这样的方法：抽时间和孩子游戏，玩的时候一定要投入，专心致志，决不说什么学习的事。一旦游戏结束，家长就要正色提醒孩子：“现在该干正经事了。”让孩子逐渐学会把正事和游戏区别开来。

3．提高孩子的竞争意识

相对于社会来说，家庭和学校的竞争要缓和得多，孩子很难绷紧自己的神经。因此适度地增加生活的紧张气息，启发诱导孩子的竞争心理，提高他们的灵敏度，无论对于改变孩子磨蹭的现状，还是对孩子以后在社会上更好的发展都有益处。

有位母亲从女儿上幼儿园起，就有意识诱导她的竞争心理，让她经常和小伙伴展开竞赛：比速度、比勇敢、比仔细等等，让孩子在竞争中逐步认识到自己的能力，养成敏锐捕捉信息并做出反应的思考力和行动力。在家，这位母亲也常开展有益的亲子竞赛，通过胜负交替，锻炼孩子的心智，也提高孩子的灵敏度。现在，女孩适应了这种节奏和习惯，很少有磨磨蹭蹭的情况。

另外，家长也可以通过激将法来督促孩子。因为直面地催促容易使孩子的自信心受挫，甚至产生逆反心理，而“正话反说”则能将孩子的积极性充分调动起来。你可以对孩子说“宝贝这么大了，不用妈妈说就知道快快地把衣服穿好”，孩子听到夸奖自然乖乖地穿衣服了。

总之，只要家长用心，改变孩子磨蹭的方法多种多样，但一定要有耐心，多与孩子沟通。

49

反应慢："等一下，让我想想再回答……"

家长倾诉

青青放学回家之后，脸色十分不好。

"青青，你怎么看起来有些不高兴呀？发生什么事了？"爸爸问道。

"爸爸，今天老师让我们做游戏了，可是我总是出错……"青青说着说着就没声了。

"老师让你们做什么游戏了？"爸爸问道。

"就是根据老师的指令做动作，要求做的动作跟老师的指令相反。就是老师让举左手，我们就要举右手……可是我总是做不对。"青青说。

"没关系，我想肯定是青青太紧张了，下次放松着玩儿肯定能做对。"爸爸鼓励青青道。

"才不是呢，我还没有反应过来，别人的动作都已经做完了，我跟不上……"青青越说觉得越难过，眼看眼泪就要掉出来了。

专家分析

反应快的孩子比别人的机会多

我们知道，生活的节奏越来越快，想要让孩子在以后的生活中更好地适应这种快节奏的生活方式，灵动迅捷的应变能力是十分必要的。一分钟的时间不长，但有的人正是因为比别人领先了一分钟而站在了别人向往的高度之上。因此，时间在未来的社会中将成为宝贵的资本，但这种资本并不专属于谁，需要每个有时间观念的人主动去争取。要想在这样一场时间战中胜出，迅速的反应能力是必不可少的。

家长都希望自己的孩子拥有敏捷的思维，能迅速地对外界的指令或其他刺激做出反应。但有孩子似乎天生的“慢性子”，做事总是比别人慢半拍，但孩子并不刻意地磨蹭，那究竟是什么原因导致孩子比被人慢半拍呢?

★思维分析能力弱

从生物知识我们可以知道，人的肢体行为是受特定的大脑神经所支配的。只有神经中枢在接收并对信息做出判断以后才能发出指令。做出判断的过程实际上也就是一个分析的过程，有的孩子大脑发育比同龄孩子稍微慢一些，这样由于延长了这个分析的过程，导致了反应的迟缓。

关于这一点，家长没必要有过多的担忧，但要注意多让孩子多参加拓展思维的活动，就像刀刃是磨出来的一样，通过对孩子的训练同样能让孩子的反应快起来。

★对需要做出反应的信息不感兴趣

我们常见这样的景象：一个孩子还没有完全醒过来，如果家长说“起床吧，快迟到了”，孩子没什么反应；如果家长说“起床吧，快起来吃你最喜欢的蓝莓蛋糕”，孩子可能会马上就睁开眼睛。很明显，受孩子喜好的支配，大脑也总是乐意按照主人的意愿选择性地接收信息，同时对不同信息的接收速度也有所不同。

不感兴趣是造成孩子反应慢的一个原因，但同时也为家长提供一种锻炼孩子反应能力的思路，即先从孩子感兴趣的事情入手，让孩子以不同方式对自己感兴趣的事情作出反应。

★睡眠不足

工作的家长都知道睡眠不足的时候很难集中精力，处理问题比平时也会慢很多。儿童的大脑还正处在发育的关键时期，充足的睡眠是孩子各方面能力健康发展的保证，包括孩子的反应能力。

培养孩子的反应能力，就可能令孩子在时间上比别人快一小步，而往往在一小步中隐含的机遇所能提供的空间是无限大的。好的机会往往是难得的，而抓住了好的机遇就是为自己的自立能力建造了一个平台，否则没有机会，便只能永远在成功门外徘徊。因此，如果家长发现自己的孩子总是比别人慢一步，一定要及时地找出原因并通过恰当的方法来培养孩子的反应能力。

教子处方

反应能力可通过训练由“慢”转“快”

反应能力可以通过训练逐步变得敏捷，那家长在培养孩子反应能力的过程中应注意什么呢?

1.变“理论灌输”为“游戏影响”

要提高孩子的反应能力，关键还是培养孩子思维的敏捷度。思维的锻炼靠理论的灌输是无法实现的，如某些家长单纯告诉孩子如何做就能把速度提上来，这样显然是行不通的。因为孩子很多时候并不是因为不知道如何去做而反应慢，而是思维的缓冲时间过长。因此可以通过做游戏的方式让孩子在轻松愉悦之中得到锻炼，

2.从兴趣入手

我们知道孩子对自己感兴趣的事总是十分上心，比如有的孩子喜欢玩儿玩具坦克，一听和“坦克”相关的信息就会马上做出反应。针对这一点，家长可和孩子一起玩他感兴趣的东西，随着孩子的反应越来越敏捷，再逐渐扩大“成果”让孩子在各个方面快起来。

3.多鼓励孩子，对孩子的训练不要太过刻意

当孩子反应快的时候，及时表扬孩子“机灵”、“反应快”。不要当着孩子的面说“真是天生的慢性子”、“你就不能快点吗”等等。经常这样，孩子往往就会错误地评价自己，认为自己真的是天生就慢，从而失去锻炼的兴致和信心。另外，家长也不要为了测试孩子，不断地对孩子发号令，这样会使孩子产生一种紧张，甚至恐惧的情绪，倒影响作出反应。

对于孩子反应慢的问题，家长一定要综合考虑各方面的因素，包括周围环境的影响、营养等等。最后提醒家长要尽量创造机会让孩子到外面多走走多看看，扩大他们的视野，让他独立地去完成一些事，另一方面家长应让孩子多提出问题来促使思维的发展，从而让脑子灵活起来。

50

不注意安全：经常在马路上乱冲乱撞

家长倾诉

周末，爸爸妈妈因为要加班，便把亮亮送到了爷爷奶奶那边，让他们帮忙照看一天。

爷爷要出去遛弯儿，亮亮在爷爷后边跟着。

刚出门亮亮紧跟在爷爷身旁，但不一会儿就像个小皮球一会儿“噌”地跑出去很远，一会儿又不知道盯着什么了，半天跟不上来。

爷爷要穿过马路去对面的公园。到公路边上的时候恰好赶上人行道是红灯。

“亮亮，不许跑了，快过来跟着爷爷！”爷爷怕亮亮乱跑便说道。

亮亮盯着马路上来回穿梭的汽车，忽然“噌”地一下冲了出去……幸好，亮亮跑得快，从两个车缝里溜了过去，否则真会出车祸。

爷爷看到这一幕，差点心脏病犯了……

专家分析

没有安全意识，点燃隐患的火种就无处不在

安全的重要性，每个人都知道。每个人的生命都只有一次，懂得保护自己的安全从某种意义上来说体现出了个人对生命的忠诚，是一种正确的人生态度。

有人说，每个人天生都有一种求生的本能，的确如此，有不少例子说明人在危及自己生命安全的时刻能发掘出自身巨大的潜能，让自己死里逃生。但是，我们想想，如果一个人他有很好的安全意识，能在危险来临之前及时做到未雨绸缪，岂不是更好吗？

一个人的生命安全通常会在什么情况下受到威胁呢？有的人做完饭之后忘记把煤气关好，开车的时候随便打电话，过马路的时候不看红绿灯等等，在这些情况下很容易会自己招致祸端。而这些人之所以会这么做多是因为他们粗心、违反规则、盲目冒险等，因此，安全意识其实能从多方面体现出一个的素质。

我们的家长都希望自己的孩子能够自立起来，但没有一个家长希望自己的孩子以人身安全为代价去自立，因为保障人身安全是做一切事的前提。由于孩子单纯天真，好奇心、求知欲、模仿力等都很强，再加上他们的生活经验、社会阅历少之又少，因此危险常常随之相伴。所以从小教给孩子一些必要的安全防范知识，培养孩子的安全意识，是孩子成长中至关重要的一课。俗话说得好，“预则立，不预则废”，防患于未然，家长不可不留心。

缺乏安全意识的孩子往往轻率鲁莽、粗心大意。尽管在家长的庇护之

下可能能度过一个欢快的童年，但由于缺乏安全意识所带来的种种隐患却会一直潜伏在孩子身边。再加上将来孩子成长路途中的陷阱和诱惑，可以说没有安全意识，点燃隐患的火种就无处不在，稍有不慎就可能引出祸端。因此有意识地从小培养孩子的安全意识、自我保护意识，做到未雨绸缪，是十分必要的。

孩子缺乏安全意识，除了以上提到的儿童的好奇心、模仿力等自身因素可能引起祸端之外，家长忽视对孩子基本生活技能的培养也是很重要的原因。有些孩子没提过开水、没开过煤气，见这些事情对家长来说轻而易举就可以做到，便觉得没什么可当心。但当没大人在场的时候他们触及这些事物便很容易出现事故，危及孩子的人身安全。因此，家长应从小教给孩子一些基本的生活常识，并在自己的指导下让孩子通过实践来掌握。另外，家长还应该让孩子知道一些自然现象可能存在的隐患，比如告诉孩子雷和闪电对人是有攻击性的，在遇到雷雨天气的时候，应该老老实实的待在家里等。

安全意识就像是一块盾牌，缺少了这件武器，自立恐怕会受到诸多外来的攻击，因此家长在培养孩子的安全意识方面千万不可掉以轻心。

教子处方

让安全意识在孩子心中深深扎根

每个家长都爱自己的孩子，希望孩子成才，投入很多精力和财力培养孩子多种才艺，但却忘了时刻提醒孩子四个字：注意安全。别忘了，保证人身的安全是做一切事的前提。那么家长除了反复向孩子灌输安全意识之外还应注意哪些方面呢？

1.让孩子掌握基本的安全知识

家长应让孩子掌握多方面的安全常识，包括家用电器的使用和安全注意事项、煤气炉具的安全使用、化学物品、药品的标识及使用、注意保护自己的身体，不能让硬物、锐器损伤身体任何部分等。儿童天生好奇好动，不能硬性限制其活动，但一定要让其掌握安全知识，否则后果不堪设想。

2.告诉孩子遇到意外的自救措施

汶川地震带给人们很多教训，其中遇到意外注意自救就是很重要的一点。之所以称一些事故为“意外”，就是因为其发生有时候难以预见。也正因为这一点，让孩子懂得应急自救措施才显得尤为必要。例如，煤气泄漏时要先切断气源开窗通风；告诉孩子急救电话的号码110、119等。家长想要让孩子真正掌握这些自救的方法，就不能停留在“纸上谈兵”的层面，家长应该通过亲自示范，并让孩子动手演练，这样才能牢固掌握。否则意外发生时，孩子都会有非常慌乱，很可能忘记自救的步骤。

3.让孩子了解一些基本的生活规则

由于孩子生性好动，不喜被规则束缚，再加上没什么生活阅历，很容易做出违反规则的举动，给自己带来麻烦。

我们来看一位老师是如何让孩子学会安全乘车的：这位老师给孩子们讲了一个“狗熊班车”的故事：森林幼儿园开学，火帽子公鸡、跳跳蛙、红袋鼠乘坐校车上学。火帽子在校车上玩金鸡独立，跳跳蛙在拿大顶，而红袋鼠则乖乖地坐好扶稳，不打不闹。行车途中遇到司机急刹车，结果火帽子和跳跳蛙都受了伤，只有红袋鼠安全无恙。老师还准备色彩鲜艳的图画，让孩子们在听故事、欣赏图画的过程中，学会了坐车的时候一定做坐好扶好。

相对于生硬的说教，这种方式更能迎合孩子的心理。因此，家长和老师应该选择适合孩子的方式让孩子自觉的遵守规则。

4.培养孩子的自控能力

针对孩子所特有的种种习性，如贪玩、爱模仿等等，家长要注意培养孩子的自制力。因为自制力可以让孩子的安全意识及时地发挥作用，否则很可能因为冲动冒险受到伤害。

总之，安全是头等大事。家长切不可犯本末倒置的错误，否则即使孩子有一身的本领，也难免会由于毫无安全意识而失去施展本领的前提，那就是生命和健康。